Ludwig Watzal

Das Politische bei Romano Guardini

LUDWIG WATZAL

Das Politische bei Romano Guardini

R. S. SCHULZ

Inh.: Dr. jur. h.c. Rolf S. Schulz
8136 Percha am Starnberger See, Berger Straße 8 bis 10
8136 Kempfenhausen am Starnberger See, Seehang 4
Telefon: (0 81 51) 1 49-0, Telex: 05 26 427 buch

Gesamtherstellung: Brönner & Daentler, Eichstätt

ISBN 3-7962-0171-7

Sie erreichen uns auch über

Bildschirmtext
★ 30717 #

Inhaltsverzeichnis

Seite

Vorwort

Versucht man Romano Guardini mit dem Begriff des Politischen zu belegen, stößt man oft auf Unverständnis. Allgemein gilt nämlich Guardini als ein unpolitischer Mensch, der er aber nicht war. Dieses Bild über Guardini zurechtzurücken, ist somit Hauptaufgabe dieser Abhandlung.

Das Phänomen des Politischen darf nicht verwechselt werden mit politischer Agitation oder politischen Verlautbarungen zu diesem oder jenem Sachverhalt; beides war Guardini wesensfremd. Das Politische hat vielmehr sehr viel mit Freiheit und Verantwortungsbewußtsein des einzelnen Menschen zu tun. Es ist getragen von der Sorge um den Menschen, um sein Heil und um seine originäre Zielbestimmung. Diesen Zielen haben sowohl Staat und Gesellschaft als auch die politisch Verantwortlichen zu dienen.

Stellvertretend für alle, die zum Entstehen dieser Arbeit beigetragen haben, möchte ich den Mitarbeitern der Bibliothek der Universität der Bundeswehr München danken. Dieser Dank gilt auch der Handschriften- und Inkunabelabteilung der Bayerischen Staatsbibliothek München, die mir die Einsicht in den Nachlaß von Guardini gewährt hat. Für die ausführlichen Hinweise von Frau Ingeborg Klimmer bin ich sehr dankbar. Mein Dank gilt auch Herrn Prof. Dr. Walter Dirks, der mich trotz seines hohen Alters zu einem Interview empfangen hat.

Mein besonderer Dank gilt meinem Verleger, Herrn Konsul Dr. Rolf S. Schulz, für seine Generosität, ohne die diese Arbeit nicht hätte im Druck erscheinen können. Ihm sei an dieser Stelle auf das herzlichste gedankt.

März 1987 — Ludwig Watzal

Einleitung

Romano Guardini für ein politisches Thema in Anspruch zu nehmen, scheint vielen etwas gewagt zu sein, da er allgemein als ein unpolitischer Mensch eingeschätzt wird. Oberflächlich betrachtet, scheint dies auch zuzutreffen. Explizit hat er wenig zum Problem des Politischen gesagt, implizit jedoch zeigt er sich als ein durchaus politisch denkender Mensch. Hier setzt die Analyse an.

Das Hauptanliegen Guardinis ist, daß es mit dem Menschen und seinem Werk in einer nicht einfachen Zeit gut werde. Dazu gehört, daß der Mensch zu seinem Urgrund und seiner Bestimmung zurückfinden soll, und zwar zum Transzendent-Absoluten[1]). Es gilt, die Möglichkeit und den Sinn der christlichen Existenz für die Jetztzeit zu bestimmen, dem Menschen ein Selbst- und Weltverständnis zu eröffnen, das zu seinem Zentrum nicht den Immanenzzusammenhang der Welt hat, sondern das Verhältnis zur Transzendenz. Diesen Erfahrungsraum im Menschen zu schaffen, nachdem er im Immanenzzusammenhang der Neuzeit verlorengegangen ist, ist das Hauptanliegen Guardinis und Ausgangspunkt seiner Kritik.

Obwohl Guardini der Neuzeit und deren Ursache, der Autonomie, sehr kritisch gegenübersteht, plädierte er nicht für einen Ausstieg aus dieser Zeit, sondern er sieht die Aufgabe des Christen darin, in widrigen Verhältnissen auszuharren und dem von ihnen ausgehenden Druck standzuhalten[2]). Diese Haltung äußert er Walter Dirks gegenüber in einem Gespräch 1920 folgendermaßen: daß die Menschen auch in schweren Zeiten sich »miteinander einrichten« müssen[3]).

---

1) Das Transzendent-Absolute wird im christlichen Glauben »Gott« genannt.

2) Vgl. Biser, 1979a, 108.

3) Vgl. Interview mit Walter Dirks vom 26. Juli 1985.

Guardini wendet sich mit seiner Kritik der Neuzeit und der Autonomie gegen den Geist der Zeit. Dieser »Zeitgeist« sieht die anfallenden Probleme als die Ursache der inkonsequenten Umsetzung des Autonomieprinzips, d. h. in einem zuwenig an Autonomie. Dagegen vertritt Guardini die These, daß es gerade aufgrund einer radikalen Autonomsetzung des Subjekts zu den Problemen auf kulturellem und gesellschaftlichem Gebiet gekommen ist, und zwar wegen der Loslösung des Menschen vom Transzendent-Absoluten. Seine Kultur- und Gesellschaftskritik geht von dieser Annahme aus. Autonomie und Transzendenz stellen sich für ihn als kontradiktorische Gegensätze dar. Es geht ihm um die Überwindung oder in das Richtige-Verhältnis-Setzen der Autonomie. Die Gefahren, vor denen der Mensch steht, stammen also im wesentlichen von ihm selbst. Er steht nicht hilflos Naturkatastrophen gegenüber, sondern den unmittelbaren Folgen seines eigenen Tuns. Vor diesen Gefahren hat Guardini gewarnt. Sein Widerstand gilt dem Funktionalisieren aller Lebensbereiche und der Nützlichkeitsprämisse der modernen Gesellschaft. Der Mensch der Neuzeit ist der Nivellierung ausgesetzt, die zur Einsamkeit führt, wenn der einzelne die Massenhaftigkeit seines Daseins durchschaut und sich auf sich selbst besinnt. Dieser Trend widerspricht der Einzigartigkeit jedes Menschen.

Warum ist Guardini unter dem Gesichtspunkt des Politischen relevant? In dieser Abhandlung wird nicht von einem Verständnis des Politischen ausgegangen, das den Staat per se als politisch ansieht und eine Gesellschaft in Freunde und Feinde teilt[4]), sondern das das politische Handeln sowie die Situation und die Ziele der Gesellschaft und des Staates einer sittlichen Beurteilung unterzieht, da politisches Handeln sittliches Handeln ist, d. h. dem Sittengesetz unterworfen ist. Deshalb kann eine Theorie des

[4]) Vgl. Schmitt, 1963, 26.

Politischen nur vom Menschen als einem politischen Wesen und für ihn als politisches Wesen, das heißt aus seiner gesellschaftlichen Verfaßtheit entworfen werden. Guardinis Verständnis des Politischen kommt dieser Einschätzung sehr nahe, da er einerseits vom Menschen aus dachte, andererseits es ihm um verantwortliches Handeln geht, das sittlich-ethischen Kriterien unterworfen sein soll. Diese Maßstäbe wendet er auch bei der Analyse und Kritik der Gesellschaft an. Seine Urteile sind von Verantwortung geprägt, die auch jeder einzelne zu übernehmen hat. Gerade darum sind seine Aussagen zum Politischen für die aktuelle Diskussion relevant. In der Praxis werden die pragmatischen gegenüber den ethisch motivierten Handlungen betont. Guardini votiert aber gerade für die letzteren.

Dieser Arbeit liegt ein normatives Wissenschaftsverständnis zugrunde, das davon ausgeht, daß der Mensch nach einem Gut strebt[5]). Von daher kann das Wesen des Menschen verstanden werden. Dieses höchste Gut ist die Norm menschlichen Handelns. Es besitzt welttranszendenten Charakter und ist gleichzeitig das Ordnungsprinzip der Wirklichkeit. Dies besteht in der Einheit von gutem Leben und gutem Handeln. Das politische Handeln zielt somit auf ein »summum bonum«, d.h. auf eine Existenz durch Orientierung an einem Maß göttlichen Seins[6]). Aufgrund seiner impliziten Vorhandenheit wird das Transzendent-Absolute als gesetzt angesehen.

Ein weiteres normatives Moment kommt darin zum Ausdruck, daß es Politik immer mit Menschen zu tun hat und nicht nur mit unpersönlichen Kräften. Deshalb hat sie Fragen nach dem Wesen und den Zielen des Menschen aufzustellen und zu beantworten. Des weiteren bewegt sich jeder Forscher in einem normativen Rahmen, weil die Fragestellung sowie die methodi-

---

[5]) Vgl. Aristoteles, 1968, 1094a 1.
[6]) Vgl. Berg-Schlosser, Maier, Stammen, 1981, 49ff.

sche Vorgehensweise auf der subjektiven Entscheidung des Forschers beruhen. Damit unterliegt Wissenschaft immer subjektiven und objektiven Voraussetzungen. Eine objektive und wertfreie Forschung im Sinne empirisch-positivistischer Forschung ist nicht möglich, da ein Forscher nicht in einem geschichtsfreien Raum existiert, sondern als Mensch dem Bewußtsein seiner Zeit verhaftet ist, sich wertgeladener Begriffe und Sprache bedient sowie Werte und Intentionen von Menschen keine Berücksichtigung finden. Somit kann es keine Objektivität oder Wertfreiheit geben, weil es in der Realität keine Trennung zwischen Subjekt und Objekt gibt. Diese gibt es nur in Gedanken, dann aber ist diese gedachte Welt nicht objektiv, sondern eben subjektiv. Die scheinbar objektive Welt des Positivismus ist somit subjektiv. Ohne Subjektivität gibt es deshalb keine Objektivität. Konkret heißt dies, daß es sinnlos ist, sich eine objektive Welt vorzustellen, die eine Welt ohne Menschen ist. Es gibt nur eine Welt mit Menschen und um sie wegzudenken, müssen die denkenden Menschen vorausgesetzt werden. Deshalb ist das Postulat der Voraussetzungslosigkeit der Wissenschaft falsifiziert.

Im Positivismus werden alle sich auf Tatsachen beziehenden Urteile ohne Rücksicht auf ihre Relevanz für wissenschaftliche Aussagen erklärt, sofern sie sich durch eine korrekte Anwendung einer Methode ergeben.

Der Positivismus beruht auf einigen Zirkelschlüssen. Es wird behauptet, die sinnliche Wahrnehmung der Objekte ist subjektiv, aber die Wahrnehmung des Subjekts dagegen – mit den gleichen Sinnesorganen – ist objektiv. Anders gewendet heißt das, daß die Sinnesorgane von der Umwelt dem Subjekt nur subjektive Eindrücke wiedergeben, die in der objektiven Welt nicht existieren. Jedoch teilen dieselben Sinne dem Subjekt die objektive Existenz seiner selbst mit. Um eine objektiv seiende

Welt postulieren zu können, ist der Positivist auf die objektive Existenz seines Selbst angewiesen[7]).

Ebenso kritisch steht Max Horkheimer dem Positivismus und der Objektivität der Wissenschaft gegenüber. Der Positivismus kann dem Menschen keine ihn transzendierende Instanz angeben, die zwischen Hilfsbereitschaft und Profitgier, Güte und Grausamkeit, Habgier und Selbsthingabe unterscheidet. »Alle Versuche, die Moral anstatt durch den Hinblick auf ein Jenseits auf irdische Klugheit zu begründen . . ., beruhen auf harmonistischen Illusionen«[8]). Auch Guardinis Kritik richtet sich gegen den Positivismus, da dieser von einem verkürzten empirischen Erfahrungsbegriff ausgeht.

Der Arbeit liegen folgende Thesen zugrunde: Guardini geht es bei seiner Neuzeit- und Gesellschaftskritik nicht primär um das Aufzeigen der Grenzen der Neuzeit und der Gesellschaft, es geht ihm auch nicht so sehr um das Ankündigen einer neuen Epoche, wie oft vermutet wird, sondern es geht ihm prinzipiell um das verspätete Richtigwerden der Neuzeit. Guardini beabsichtigt nichts anderes, als die neuzeitlichen Werte ihrer wahren Bestimmung zuzuführen, nämlich der Offenbarung. Er strebt eine Synthese zwischen Neuzeit und dem Transzendent-Absoluten an. Er versucht typisch neuzeitliche Werte wie Freiheit, Würde, Verantwortung und Askese wieder ihrem originären Inhalt zuzuführen, damit sie das Fundament einer Erneuerung, oder wie er sagte, einer kommenden Epoche oder Nachneuzeit, abgeben können. Tatsächlich geht es ihm aber um die Vervollkommnung der Neuzeit.

Des weiteren wird behauptet, daß Guardini ein politischer Denker ist, nicht in dem Sinne, daß er zu tagespolitischen Themen Stellung bezieht, – hier weiß er zu gut, daß diese am

---

[7]) Vgl. Thürkauf, 1980, 77f; ders., 1984, 95.

[8]) Horkheimer, 1970, 60.

nächsten Tag veraltet sind, – sondern es geht ihm um die Analyse des Ganzen. »Der Blick auf das Ganze« ist ihm das zentrale Anliegen. Aus dieser Haltung heraus denkt er über Politik, Gesellschaft, Staat, Kultur, den Menschen und das Transzendent-Absolute nach. Es ist ihm ein großes Anliegen, daß es mit der Sache des Menschen gut werde.

Gegenüber dem Rationalismus, Empirismus, Positivismus und einseitigem Konzeptualismus ist es für Guardini klar, daß der Mensch nicht wie eine Sache erkannt werden kann. Einer Sache wird allgemein eine zergliedernde Erkenntnis gerecht. Der Erkenntnis des Menschen aber entspricht eher eine konkrete, ganzheitliche oder phänomenologische Erfassung der Wirklichkeit.

Darüber hinaus ist es Aufgabe dieser Arbeit, Guardinis Kultur- und Gesellschaftskritik zu explizieren, um so zum Begriff des Politischen zu kommen.

Da der Arbeit ein normatives Wissenschaftsverständnis zugrunde liegt, kann ihr eine normative Methode zugeordnet werden. Das normative Moment gilt in bezug auf die Seinssetzung und die anthropologischen Prämissen. Daneben bedient sich der Verfasser eines Methodenpluralismus[9]). Es hat sich gezeigt, daß die Fragestellung mit einer Methode nicht adäquat behandelt werden kann. So wird einerseits deskriptiv-analytisch vorgegangen. Die Inhalte werden beschrieben und auf ihre Zusammenhänge hin analysiert und ideengeschichtlich eingeordnet, andererseits wird das, was nicht durch die Materiallage geklärt werden kann, durch Interviews versucht, einer Erklärung zuzuführen.

---

[9]) In der wissenschaftlichen Diskussion herrscht keine Einigkeit darüber, daß einer bestimmten wissenschaftstheoretischen Position eine entsprechende Methode zugeordnet werden soll. Hier wird davon ausgegangen, daß einem wissenschaftstheoretischen Verständnis mehrere Methoden korrespondieren, das heißt ein Methodenpluralismus ist gegeben (vgl. hierzu auch Naschold, 1972, 51 f).

Die Arbeit gliedert sich in drei Kapitel. Im ersten Kapitel wird auf das Wesen des Politischen eingegangen. Hier zeigt sich, daß Guardini ganzheitlich gedacht hat. Ethik und Politik gehören für ihn zusammen. Im zweiten Kapitel geht es um die Darstellung der Neuzeitkritik Guardinis. Im einzelnen wird auf die Ursachen der Neuzeit, ihr Selbstverständnis einige Phänomene wie Fortschritt, Technik, Masse, Macht und den neuzeitlichen Menschen eingegangen. Abschließend geht es um die Diskussion der Elemente einer nachneuzeitlichen Epoche.

Im dritten Kapitel wird die Staats- und Gesellschaftskonzeption Guardinis expliziert. Dabei wird auf die These der Autonomie als Ursache des Totalitarismus eingegangen. Weiterhin wird die Grundlegung und Funktion des Staates, seine Aufgaben sowie das Verhältnis von Autorität, Freiheit und Demokratie untersucht. Bei der Herausarbeitung der Gesellschaftskonzeption Guardinis ist es besonders wichtig, auf die Rolle des Menschen als Person für den Gesellschaftsbildungsprozeß einzugehen, da ihre Konstitution eine zentrale Prämisse für die personale Gemeinschaft darstellt.

Zum Stand der wissenschaftlichen Forschung kann gesagt werden, daß es eine große Anzahl von Literatur über Guardini gibt. Diese bezieht sich auf Fragen der Theologie, Philosophie und Pädagogik. Da man Guardini keiner Fachdisziplin eindeutig zuordnen kann, ist er bis heute schwerpunktmäßig auf dem Gebiet der Theologie und Pädagogik rezipiert worden, obwohl er einen philosophischen Lehrstuhl inne hatte. Eine richtige Guardini-Rezeption hat es in der Wissenschaft bis heute noch nicht gegeben. Anläßlich seines 100. Geburtstages erschienen einige Arbeiten über ihn. Zu nennen ist die ausgezeichnete Biographie der Münchner Philosophin Hanna-Barbara Gerl. Daneben erschienen zwei Sammelbände mit Auszügen aus Guardinis Werken sowie ein Aufsatzband »Christliche Weltanschauung«, der von Walter Seidel herausgegeben worden ist.

Außerdem ist noch die Habilitationsschrift von Joseph Schmukker-von Koch zu nennen, die das Werk Guardinis zwischen Autonomie und Transzendenz ansiedelt. Es wird zwar auch auf die Neuzeitkritik Guardinis eingegangen, aber es findet keine politische Diskussion oder Einordnung statt, sondern die Darstellung bleibt dem Deskriptiven verhaftet. Die Intension Schmucker-von Kochs ist rein philosophischer Natur, wohingegen in der vorliegenden Arbeit der politikwissenschaftliche und politisch-philosophische Bereich betont wird. Des weiteren ist die Dissertation Hansruedi Kleibers erschienen. Er untersucht die Beziehung zwischen Glaube und religiöser Erfahrung bei Guardini. Die anläßlich des 100. Geburtstages von Guardini gehaltenen Reden in der Katholischen Akademie in Bayern sind von Joseph Kardinal Ratzinger herausgegeben worden.

I Bedeutung und Wesen des Politischen bei Romano Guardini

Allgemein gilt Guardini als ein unpolitischer Mensch. Diese Annahme findet ihre Bestätigung darin, daß er von sich behauptete, von praktisch-politischen Dingen nichts zu verstehen. Nach seiner Meinung soll sich nicht jeder Mensch am politischen Leben beteiligen, da für jede Tätigkeit gilt, daß man das tun soll, wozu man befähigt ist. Demnach kann nicht jeder in politischen Angelegenheiten mitreden. »Politisch urteilen kann nur, wer eine ausgebreitete Kenntnis der inneren und äußeren Vorgänge, Übung im Erfassen der Zusammenhänge, Sicherheit im Abwägen von Ursachen und Wirkungen hat«[1]). Guardini lehnt die Unbedenklichkeit ab, mit der sich viele über politische Dinge auslassen. Für ihn gibt es in politischen Angelegenheiten nie das »Richtige«, von zu vielen Zufällen sah er die Politik mitbestimmt. »Was es gibt, ist das Richtigste, manchmal sogar nur das am wenigsten Falsche«[2]).

Wie es scheint, hat sich Guardini wirklich nicht sehr mit politischen Dingen befaßt. Reduziert man den Begriff des Politischen auf die Kommentierung tagespolitischer Ereignisse, so ist er tatsächlich als ein unpolitischer Mensch zu bezeichnen. Stellt man jedoch Guardinis Aussagen über die moderne Kultur, über die Aufgabe des Staates und die Organisation einer Gesellschaft in einen größeren Zusammenhang, so zeigt sich, daß er ein durchaus politisch denkender Mensch gewesen ist. Er hat bereits in den 20er Jahren ein neues Phänomen in der Politik festgestellt, und zwar die zunehmende Interdependenz zwischen den einzel-

---

1) Guardini, 1953d, 2.

2) Ebda., 4.

nen Staaten[3]). Ebenso warnt er bereits frühzeitig vor den Gefahren des Nationalismus und des Internationalismus, die die Solidarität unter den Völkern zerstören[4]). Primär geht es ihm in seinen politischen Absichten um eine Klärung der Begriffe und Wertordnungen[5]).

Guardini gehört auch nicht zu denjenigen, die aktiven Widerstand im Dritten Reich leisteten. Seine Sympathie galt aber den Protagonisten des Widerstandes, wie Eugen Biser feststellt, jedoch »unterschied sich doch sein Weg bewußt von dem ihren ... Indessen war sein eigener Weg ... aktiver, als es im Blick auf diese Gewichtung den Anschein hat: aktiv freilich im Sinn des Paradoxes von der ›statischen Veränderung‹ ... So bildet er in der Zeit des von einer Massenhypnose getragenen, wild ausufernden Führerkults eines der wenigen Gegenge-

---

[3]) Vgl. Guardini, 1925b, 18f.
Guardini hat zwar 1922 in Bonn als junger Privatdozent seine Vorlesung unterbrochen und zum Tod Walther Rathenaus Stellung genommen. Er brachte seine Erschütterung zum Ausdruck und sagte Grundsätzliches über die Verwerflichkeit des politischen Mordes. Er wendete sich auch gegen Staatsverdrossenheit und aufkommende Rechtsbeugung (vgl. Spörl, 1969, 334). Ostern 1933 sagte er über den Bund »Kreuz und Adler«, mit dem Franz von Papen die deutschen Katholiken für das Dritte Reich gewinnen wollte: »Wer um die Bedeutung dieser Symbole bei Dante wisse, der könne unmöglich diesem Mißbrauch zustimmen« (vgl. Jakob, 1979, 86).
Walter Dirks stellt fest, daß Guardini die Beziehungen zwischen der »ersten kapitalistischen Welt« und der »zweiten sowjetischen« sowie das Verhältnis dieser beiden zur Dritten Welt nicht reflektiert hat. Und Indien erschien ihm zwar als geistiger Partner, aber nicht als Subkontinent in seiner sehr konkreten Krise; auch der israelisch-arabische Konflikt steht später nicht im Blickpunkt. Weder »Imperialismus« der Großmächte noch »Klassenkampf« werden vergegenwärtigt (vgl. Dirks, 1985, 49).

[4]) Vgl. ders., 1923, 53; ders., 1966c, 78.

[5]) Vgl. Gerl, 1985, 274.

wichte, die wirklich zählten«[6]). Er ging weder in die innere noch äußere Emigration, sondern setzte dem demagogischen Führerkult dadurch einen höchst effektiven Widerstand entgegen, daß er für den Kreis seiner Bewunderer der blieb, der er war: die stabilisierende Leitfigur in einer Welt, die alle Normen und Maßstäbe pervertierte[7]). Diesen positiv-stabilisierenden Einfluß Guardinis betont auch Ingeborg Klimmer, den er auf Burg Rothenfels ausgeübt hat. »Hier versuchte Guardini einen Raum zu schaffen, in dem die Wahrheit geborgen war. Ihm ging es um die innere Grundlegung des positiven Widerstandes gegen Lüge und Gewalt. Auch das war gefährlich und forderte Mut, vor allem den Mut zur Klugheit, die allein die Fortführung der Rothenfels-Arbeit ermöglicht hat«[8]). Durch sein Eintreten für die Wahrheit war er Vorbild und Wegweiser für andere. Er gab Mut, keiner Konfrontation aus dem Wege zu gehen. Diese Haltung Guardinis wurde dem Verfasser von Walter Dirks bestätigt. Er wies darauf hin, daß die Nationalsozialisten offensichtlich keinen Anlaß fanden, ihn zu verfolgen. Positiv dürfte dabei auch seine italienische Herkunft gewirkt haben. »Bei seiner Anpassung an die jeweiligen Verhältnisse ging es ihm aber doch darum, das innere Gesicht nicht zu verlieren. Dieses grunddemokratische Gefühl des aufrechten Staatsbürgers sollte sein Weg sein«[9]). Nach dem Kriege lehnte es Guardini in einem Brief an Walter Dirks ab, sich an der Unterschriftenaktion von Katholiken gegen die Ausrüstung der Bundeswehr mit Atomwaffen zu beteiligen; dieser Aufruf sollte auch den Bischöfen übergeben werden. Guardinis Begründung dagegen ist, daß die Bischöfe hier sozusagen von »Kollektiv zu Kollektiv« angesprochen werden und das Schreiben der Öffentlichkeit zugänglich

---

[6]) Biser, 1979, 111; vgl. ders., 1978, 830.

[7]) Vgl. ders., o. A. 11.

[8]) Klimmer, 1985b.

[9]) Interview mit Walter Dirks vom 26. Juli 1985.

gemacht werden sollte, was seinem Gefühl widersprach. Als dritten Grund nennt er sein hohes Alter, auf Grund dessen er vieles als »unrichtig« und »unvertraut« empfinde[10]).

[10]) Vgl. Brief an Walter Dirks vom 28. April 1958 (Staatsbibliothek München). Obwohl Guardini und Dirks sich gut kannten, ist Guardini Dirks politisch nicht gefolgt. In einem Gespräch mit dem Verfasser betonte Dirks, daß er sich mit Guardini zwar beraten habe, Guardini Dirks aber wegen seiner anderen politischen Option nicht umzustimmen versuchte. Er war aber nicht bereit, Dirks politisch zu folgen. Dies führte dazu, daß sich beide für eine längere Zeit »aus den Augen verloren«, bis kurz vor Guardinis Tod der Kontakt wieder aufgenommen worden ist.

1 Die Bedeutung des Politischen als Verantwortung für das Ganze

Die Funktion eines Begriffes ist es, einen Gegenstand zu erfassen und ihn anderen vermittelbar zu machen. Mit Hilfe eines Begriffes des Politischen entwirft man sich eine Wirklichkeit, die deshalb so wichtig ist, weil sie Grundlage für das praktische politische Handeln ist und dies bestimmt. Ohne eine inhaltliche Füllung des Begriffes des Politischen und der Politik wäre diese ein zielloses Hantieren im Kräftespiel einer Gesellschaft.

Die Bedeutung des Politischen und der Politik sind komplex und zum Teil auch schillernd. So umfassen sie einen Bedeutungsrahmen, der sich von der Gesamtordnung eines menschlichen Verbandes, über Institutionen und ihre Aufgaben, über die Rolle von Verbänden bis zu den Machtinstrumenten und dem Einfluß auf die Bevölkerung erstreckt.

Politik und das Politische wird allzu oft unter bloßer Bezugnahme auf Macht oder machtpolitisches Handeln umschrieben. Häufig versteht man die Verfolgung eigener Interessen darunter. Da es die Politik immer mit Menschen zu tun hat, darf der Norm- und Sinnbereich nicht ausgeblendet werden, weil die Menschen wissen wollen, in welche Richtung sich die Politik bewegt und von welchen Werten sie getragen wird. Verantwortliche Politik hat sich deshalb dem Wohl der Gemeinschaft und des Staates zu widmen. Sie ist die praktische Sorge um das Gemeinwohl. Die inhaltliche Bestimmung des Gemeinwohls ist durch Konsens der verschiedenen Gruppeninteressen zu bestimmen. Dies ist nur aufgrund einer »pluralistischen Politik« möglich, um es mit einem Wort Alexander Schwans auszudrücken. Diese Art der Politik ist aber nur in einer freiheitlich verfaßten Gesellschaft möglich. Wie versteht Romano Guardini Politik und worin besteht für ihn das Politische?

Für Guardini ist Politik keine Technik der List, Lüge und Gewalttätigkeit wie für Niccolo Machiavelli[11]), sondern eine Kunst, entschlossen und zäh, zugleich aber in Ehrfurcht vor der fremden Überzeugung für das Wohl aller zu arbeiten. Politik hat alle Kräfte der Gesellschaft in den politischen Prozeß einzubinden. Gegensätze sind zu überbrücken, verschiedene Ansichten und Standpunkte sind zu einer Einheit zusammenzubringen, ohne daß dabei die Wahrheit verletzt wird. Darin sieht Guardini die Aufgabe der Politik. Somit ist Politik für ihn eine Haltung. Das heißt, daß das Ziel nicht nur von dem eigenen Standpunkt aus erstrebt werden soll, sondern aus dem Ganzen heraus. Dazu bedarf es einer eigenen, festen Überzeugung, die aber auch der Meinung des anderen Raum zur Entfaltung geben muß. Es geht darum, sich selber treu zu bleiben und trotzdem mit anderen zusammen seine Ziele zu verwirklichen[12]). Deshalb hat die Politik die Aufgabe, eine sinnvolle Beziehung zwischen dem einzelnen und der Gesellschaft herzustellen. Der einzelne kann nicht die Funktion der Gesamtheit übernehmen. Beide überschneiden sich und bilden das Ganze. Dennoch stellen sie verschiedene Linien der Selbstverwirklichung des Menschen dar[13]). Jeder Politiker hat sich beständig zu fragen, was durch seine Politik erreicht wird. »Wir müssen bedenken, daß es so etwas wie eine Erkenntnispolitik gibt. Es geht nicht nur darum, was eigentlich die Wahrheit ist, sondern man muß sich auch jeweils fragen, wie es sich auswirkt, wenn es in dem bestimmten Augenblick herausgestellt wird. Man muß sich ferner fragen,

---

[11]) Machiavelli trat als erster für eine Trennung von Politik und Moral ein. Im »Fürsten« setzt er sich dafür ein, daß ein Herrscher, um seine Macht zu behalten oder zu erweitern, sich jeden Mittels bedienen dürfte, sei es nun List, Lüge oder Gewalt (vgl. Machiavelli, 1972).

[12]) Vgl. Guardini, 1968, 95 f; ders., 1922b, 262; ders., 1923b, 10.

[13]) Vgl. ders., 1925, 240; ders., 1955, 130.

wie Gedanken wirken, wenn sie nicht im Abstrakten bleiben, sondern in die konkrete Wirklichkeit hineinkommen«[14]).

Bei der Politik geht es darum, die Eigenart des Ganzheitslebens bewußt zu machen. Diese Ganzheit hat mit »Masse« oder »Mehrheit« nichts zu tun. Wichtigste Aufgabe der Politik ist es deshalb zu zeigen, worin dieses Ganzheitsleben besteht; sein Wesen, seine Akte, seine Kämpfe und seine Ziele aufzuzeigen. Es ist zu zeigen, wie sich das Ganze aufbaut und wie es sich in jedem einzelnen auswirkt. Das Ganze ist zu spüren als Naturvorgang und Naturzusammenhang, von Notwendigkeiten getragen; zugleich aber als Aufgabe der frei schaffenden Person in die Hand gegeben; den einzelnen im Gesamten und das Gesamte im Einzelnen – das ist Voraussetzung lebendiger Politik. Es handelt sich also darum, einen eigenen Sachbereich in seiner ursprünglichen Bedeutung und Verantwortung herauszuheben und zu dessen sachgerechter Bewältigung beizutragen. Dabei darf der einzelne nicht zum Funktionär gemacht werden. Hier ist die verantwortungsbewußte, führende und entscheidende Tat gefordert. Sie muß von den Forderungen für das Ganze bestimmt sein, nicht von individualistischen Sonderinteressen. Der individuellen Entscheidung ist die Entscheidung im Rahmen des Ganzen gegenüberzustellen und bewußtzumachen, daß es sich um einen anderen grundverschiedenen Akt des menschlichen Lebens handelt[15]).

Romano Guardinis Politikverständnis ist geprägt von der Verantwortung für das Ganze. Die Hauptrichtung des politischen Handelns zielt auf die gesellschaftliche Gesamtheit. Sie rangiert vor den Individualbedürfnissen. Dies heißt jedoch nicht, daß dabei der einzelne seine Bedürfnisse der Gesellschaft unterzuordnen hat, sondern er soll sie im Rahmen und

[14]) Guardini, in: Dettloff, 1985.

[15]) Vgl. ders., 1966c, 161; ders., 1925g, 405; ders., 1933b, 180 ff; ders., 1927, 45.

in den Grenzen, die ihm die Gesellschaft auferlegt, voll befriedigen.

Guardini steht mit seinen Vorstellungen in der Tradition der katholischen Soziallehre. Er vertritt eine pluralistische Gemeinwohlansicht[16]), die die Familie, den Staat und die Völkergemeinschaft als Ganzes umfaßt. Der Politiker hat sich bei seinem Handeln von diesem universalen Gemeinwohl leiten zu lassen[17]). Dabei haben sich seine Entscheidungen an sittlichen Werten und Normen auszurichten. Somit ist Guardinis Auffassung des Politischen der normativen Tradition der Politikwissenschaft zuzuordnen.

---

16) Die traditionelle Sicht des Gemeinwohls artikuliert das staatliche Gemeinwohl mit seiner Funktion des Rechtsschutzes und der Wohlfahrt im engeren Sinne.

17) Vgl. Guardini, 1925b, 18 f; ders., 1962a, 195.

2 Politik als sittliches Handeln

Das Handeln des Menschen ist von einer absoluten Forderung her zu bestimmen, nämlich das Gute zu tun und das Böse zu lassen. Das Gute zu tun gehört zu den Grundbestimmungen menschlichen Daseins. Dem widerspricht jedoch nicht, daß der Mensch das Böse wollen kann. Um es tun zu können, muß er es in ein vermeintliches Gutes umdeuten.

Die Forderung des Guten ist dem menschlichen Dasein als unbedingt und schlechthin gültig vorgegeben. Menschliches Handeln richtet sich nicht bloß an Zwecken aus, sondern wird oft um seiner selbst willen getan. Den Armen Gutes tun, die Wahrheit sagen, Gerechtigkeit, Liebe und Treue üben, Versöhnung stiften; sie werden zwecklos getan, weil sie in sich gut sind. Der unbedingten Forderung des Guten kann im Handeln entsprochen werden. Da der Mensch um das Gute weiß, soll er es tun. Im Wissen um das Gute liegt eine Innenorientierung vor, ein Alleinsein mit etwas, das absolute Bedeutung hat für das menschliche Dasein, und dem sich der Mensch nicht entziehen kann. Der politisch Handelnde hat sich der Tatsache bewußt zu sein, daß er sein Handeln sowohl vor einer immanenten als auch transzendenten Instanz zu rechtfertigen hat.

Für Guardini hat Politik mehr zu sein als bloßes technokratisches Handeln, das auf den Staat zielt. Das Handeln ist von einem Wert, von einer menschlichen Haltung her zu sehen, die ihren Sitz im Gesamtleben hat. Dies bedeutet, daß sich das Politische dem Sittengesetz unterzuordnen hat[18]).

Unter Sittlichkeit wird hier die auf freier Entscheidung gegenüber dem Sittengesetz beruhende Haltung des Menschen verstanden. Somit ist sittlich gut das freie Handeln des Menschen,

18) Vgl. Guardini, 1924b, 117.

das den objektiven ethischen Wert und das Sittengesetz – dies ist das Gesetz, das sittlich Gutes gebietet und das Böse verbietet – bejaht.

Dieses Sittengesetz wird von Guardini kritisiert, weil die moderne Ethik das Gute mit dem Transzendent-Absoluten gleichsetzt. Indem man das Verstehen des Guten vom Gewissen fordert, das Gute solle vom Transzendent-Absoluten herkommen, hat man das Eigentliche des Sittlichen aufgegeben, nämlich seine Selbständigkeit und Selbstverantwortung. Kant hat dies zu einem Grundsatz gemacht, d. h. sittlich ist jenes Handeln, das das Sittengesetz zur Richtschnur hat. Dieses Sittengesetz aber ist nach Guardini ein Gesetz unser selbst, des Subjektes überhaupt. Echte Sittlichkeit im Sinne Kants ist also autonom. Verbindet man das sittliche Verhältnis mit der Wirklichkeit außer sich, dann wird es verunreinigt, es wird heteronom und mithin unsittlich. Deshalb hängen nach Guardini sittliche Praxis und transzendenter Wert zusammen. Versichert sich der Mensch nicht eines adäquateren Wirklichkeitsverständnisses, wird auch seine Praxis falsch und schillernd. Die richtige Praxis läßt sich also nur über die Bestimmung des Wesens der Wirklichkeit gewinnen.

Mit dieser Kritik der Sittlichkeit will Guardini Kant und damit den neuzeitlichen Subjektivismus philosophisch überwinden, d. h. er will den Logos vor dem Ethos betonen. Die Wahrheit hat für ihn vor aller Sittlichkeit, vor allem Handeln zu kommen[19]). Trotz dieser Kritik moderner Sittlichkeit geht es Guardini um die Begründung eines sittlichen Verhaltens in der Politik, um Probleme einer politischen Ethik und die Stärkung des politischen Verantwortungsbewußtseins. Dies betont er deshalb, weil er das ethische Verhalten des modernen Menschen für nicht

---

[19]) Vgl. Gerl, 1985a, 119.
Unter Logos wird ein letzter Grund verstanden, der keiner Begründung mehr bedarf, um wahr zu sein. Er kann nicht aus der menschlichen Tätigkeit abgeleitet werden, sondern ruht in sich selbst.

ausreichend begründet hält. Der Anspruch an politisches Verhalten und an ethische Verantwortung fallen auseinander, da man sich im Ernstfall auf den Gedanken der Autonomie des Politischen beruft[20]). Das Regieren soll »eine menschliche, sittlich-geistige Haltung«[21]) ausdrücken, der die Verantwortung für die Welt und dem Menschen an seinem konkreten Platz in die Hand gegeben ist. Deshalb hat sich politisches Handeln an Normen zu orientieren, die ihren Wert nicht nur in sich selbst tragen, sondern transzendent begründet sein müssen. Von dort her hat der Mensch auch seine Freiheit, sich so oder anders entscheiden zu können. Es ist ihm also zur Entscheidung gestellt, ob er sich für das richtige Maß zwischen den wechselseitigen Abhängigkeiten entscheidet, damit die Wohlfahrt der gesamten Gesellschaft gesichert wird[22]).

Wie nachzuweisen war, fordert Guardini ein ethisch-sittliches Handeln in der Politik. Allerdings steht er der formalen Sittlichkeit kritisch gegenüber, da sie eine Creatio des autonomen Subjektes ist, also in ihm selbst gründet und nicht im Transzendent-Absoluten. Eine Abwendung von diesem ist aber schon unsittlich.

Auch wendet sich Guardini gegen eine Trennung von Politik und Ethik. Diese Trennung wird aber bereits Ende des 19. Jahrhunderts vollzogen und führt zu einer Aufspaltung in Staats- und Individualmoral[23]). In der Tat besteht zwischen Politik und Ethik kein Widerspruch, da sie sich gegenseitig ergänzen. Beide setzen beim menschlichen Handeln die Existenz des transzendenten Gemeinwohls voraus. Beide setzen das Funktionieren der »ratio humana« voraus, in der allein die menschliche Existenz ihre Vollendung findet. Beide haben die Errichtung

---

20) Vgl. Guardini, 1953c, 403.

21) Ders., 1965a, 89.

22) Vgl. ders., 1977b, 497; ders., 1950a, 43ff; ders., 1963, 62; ders., 1965a, 89f.

23) Vgl. Schmölz, 1966, 102 ff.

einer rationalen und damit ethischen Ordnung zum Ziel. Neben der Verantwortung gehört deshalb auch die Ethik zum Wesen des Politischen.

3 Das Wesen des Politischen

Guardinis Verständnis des Politischen setzt direkt bei der Existenz des Menschen im Rahmen der Gesellschaft und des Staates an.

Neben der Betonung der persönlichen Verantwortung und des sittlich-ethischen Handelns in der Politik, beruhen seine Vorstellungen vom Wesen des Politischen auf zwei zentralen Säulen. Zum einen auf der Kultur- und Gesellschaftskritik, die durchaus der Kritik der Vertreter der Kritischen Theorie nahekommt, – es bestehen sogar eine Vielzahl von Gemeinsamkeiten in gewissen Punkten – und zum anderen auf konstruktiven Vorschlägen, wie die Entwicklung von Staat und Gesellschaft besser sein könnte und für den Menschen am nützlichsten wäre. Guardinis Kultur- und Gesellschaftskritik ist schon deshalb hoch politisch, weil er die herrschende Fortschrittsideologie der Industrieländer in Frage stellt. Darüber hinaus kann er nichts mit der Entwicklung des modernen Staates anfangen; sein Denken ist zu traditionell katholisch. Aus Sorge um den Menschen bezweifelt er, daß sich in dieser Form der Mensch verwirklichen kann. Er hat sein Leben radikal zu verändern, wenn es mit seiner Zukunft recht werden soll. Indem Guardini zu einer radikalen Umkehr aufruft, erscheint er als hochmodern, obwohl er nicht als ein Protagonist irrationaler Politik in Anspruch genommen werden kann.

Wie drückt sich nun sein Verständnis des Politischen näherhin aus?

Romano Guardini kritisiert die Autonomie und die Selbstthematisierung des modernen Menschen, da sie bestimmend für seine ganze Daseinshaltung sind. Der Mensch leitet sich nicht mehr von einer ihm übergeordneten Instanz her, sondern begründet sich aus sich selbst. Er ist Herr der Welt und seiner selbst. Daß er seine Abstammung letztlich aus dem Tierreich ableitet, löst ihn aus jeglicher metaphysischen Verankerung. Diese Loslösung bewirkt, daß die entbundenen Kräfte sich gegen ihn wenden. Die Situation läßt sich mit der Erfahrung des Zauberlehrlings bei Goethe treffend karikieren: »Die Geister, die ich rief, werd ich nicht mehr los.«

Trotz aller Autonomie und allen Fortschritts auf den Gebieten der Wissenschaft und Technik, befindet sich der Mensch in einer existentiellen Krise; er steht dem Nichts gegenüber. Die Loslösung vom Transzendent-Absoluten hat ihm die Sinnmitte seiner Existenz geraubt. Der Mensch befindet sich in einer verzweifelten Lage, denn das Nichts zeigt sich nicht als Nichts, da es Nichts nicht gibt, sondern als das »Gespenst Gottes«. Der Mensch empfindet seine Lage deshalb als so verzweifelt, weil ihm bewußt wird, daß er kontingent ist, trotz aller Autonomie und Selbstherrlichkeit. Die Potenzierung der Autonomie hat zum Kontingenzproblem und damit zur Sinnkrise des modernen Menschen geführt. Trotz aller Autonomie sieht der Mensch, daß er begrenzt ist. Trotz aller Erfindungen auf dem Gebiet der Wissenschaft und Technik läßt die Tatsache des Todes den Menschen nicht glücklich werden. In dieser Situation führt die Leugnung des Transzendent-Absoluten zur Krise der menschlichen Existenz. Da der Mensch von seinem Wesen her auf Absolutes hin angelegt ist, kann er nicht anders, als nach diesem zu streben. Gerade hier erscheint das Paradoxon, weil er das Absolute durch einen immanenten Wert ersetzt hat. Eine seiner natürlichen Veranlagungen ist somit pervertiert und entfremdet. Die Unendlichkeit, nach der der Mensch strebt, zeigt sich als fehlgeleitete Endlichkeit, die ihm durch die Erfahrung des Todes deutlich vor Augen geführt wird. Ohne Bezug zum Transzendent-Absoluten erscheint die Endlichkeit des Menschen im Tode als Nichts; dies empfindet er als Bedrohung seines Daseins. Indem der Mensch seine Endlichkeit steigert, bringt er eine immer größere Endlichkeit hervor. Dieses Kontingenzproblem durchzieht die Handlungen des Menschen.

Das Politische in Guardinis Neuzeitkritik liegt darin, daß er die Autonomsetzung des Subjekts und die tatsächliche Entwicklung der neuzeitlichen Gesellschaft kritisiert. Die Kritik zielt auf den neuzeitlichen Menschen als die letzte Quelle der Wahrheit. Diese Art der Wahrheit läßt nur gelten, was sich vernünftig und intersubjektiv erklären läßt; alles andere wird als suspekt abgelehnt. Die durch die technische Zivilisation geprägte Gesellschaft läßt das Anthropomorphe primitiv erscheinen. Guardini aber hält es für das Wesentliche, da in ihm das Religiöse implizit sichtbar ist. Aber nicht diese Einsicht hat sich im Laufe der Entwicklung Bahn gebrochen, sondern die technisch-rationale. Diese technisch-rationale Bewußtseinshaltung bedingt eine formale Religiosität, die sich der Bedeutung des Transzendent-Absoluten als letzter Legitimationsbasis nicht mehr bewußt ist, weil sich der Mensch in der Neuzeit zum vollen Bewußtsein seines Wesens berufen fühlt.

Guardini reiht sich in die Reihe der Gesellschaftskritiker ein, indem er die moderne Gesellschaft der Kritik unterzieht. Diese neuzeitliche Gesellschaft pflegt einen Fortschrittsmythos, aus dem die Technik, die Masse und die »Dämonie der Macht« entstanden sind.

Die Kritik des Fortschrittspostulates erscheint deshalb als berechtigt, weil ein nicht beschreib- und beweisbarer Prozeß auf ein Besseres hin mit Sinn belegt wird. Die Fortschrittsthese ist wissenschaftlich nicht beweisbar, sondern ein religiöser Glaubenssatz. Guardini entlarvt diese These als Ideologie. Die menschlichen Werte, die dem Menschen im Laufe der technischen Entwicklung verlorengegangen sind, versucht der Mensch durch die Illusion einer vollkommenen Zukunft zu ersetzen, der er sich annähert. Das Radikale an Guardinis Fortschrittskritik besteht darin, daß er vom Menschen fordert, seine Ideale durchzusetzen, auch wenn er sich dadurch Gegner schafft. Diesen höheren Idealen ist mit einer Askese zum Durchbruch zu verhelfen, die auf technische Errungenschaften auch verzichten kann. Guardini sieht somit das Fortschrittsproblem als ein qualitatives Problem, an dem anzusetzen ist, um wesentliche Veränderungen zu erreichen.

Ebenso politisch ist Guardinis Haltung gegenüber der Technik. Es ist ihm von einigen Seiten vorgeworfen worden, er sei technikfeindlich und elitär gewesen. Beides ist in dieser pauschalen Form nicht aufrechtzuerhalten. Obwohl er beide, Technik und Masse, kritisiert hat, hat er doch immer wieder positive Lösungen aufgezeigt. Für ihn bedingen sich beide und setzen sich wechselseitig voraus. Seine Kritik richtet sich dagegen, daß jede technische Maßnahme mit dem Nutzen für den Menschen begründet wird. Guardini ging es bei seiner Kritik darum, daß dem Geistigen und Religiösen ein eigener Bereich zugestanden wird. Die menschlichen Beziehungen sollten nicht nur funktionalisiert werden, denn dadurch würde der Mensch leiblich und geistig entfremdet. Der Mensch wird von der Technik gesteuert und in den Prozeß eingeordnet. Nicht der Mensch steuert den Prozeß, sondern der technische Prozeß beherrscht ihn.

Trotz dieser kritischen Haltung gegenüber der Technik plädiert Guardini für eine Fortsetzung der Technisierung der Welt und warnt vor einer Rückgängigmachung des Prozesses, weil dadurch das menschliche Dasein erschwert werden würde.

Guardini sah einen Zusammenhang zwischen der Zunahme der Technisierung und dem Aufkommen des Massenmenschen. Die zunehmende Nivellierung des Menschen stellt eine Bedrohung seiner Freiheit dar. Eine Befreiung aus diesem Massendasein kann nur von innen heraus und durch Askese erfolgen. Guardini befürchtete die Entstehung eines neuen Menschentypus, für den der einzelne wie die Masse unwichtig sind. Für diesen Menschen geht es primär um die Sicherung der eigenen egoistischen Position in der Gesellschaft. Vor dieser ständig zunehmenden Lebenseinstellung warnte er.

Für Guardini ist die dem Menschen zufallende Macht ohne eine Verantwortungsethik gefährlich. Ohne ein Machtethos wird das Handeln aus reiner Notwendigkeit begründet. Somit wird die Macht von der Logik der Wissenschaft und den technischen Problemen bestimmt. Hierin liegt für Guardini die Dämonisierung der Macht.

Eine Zurückdrängung der Macht kann nur gelingen, wenn sich Normen und Werte gegenüber wirtschaftlichen Fakten durchsetzen. Macht ist solange aufbauend, wie der Mensch seine Triebe kontrollieren kann und weiß, was Recht ist. Dazu bedarf es aber einer Askese und eines Verantwortungsbewußtseins. Gelingt es dadurch, eine Rangordnung der Werte und der Dinge zu etablieren, die sich in der Ehrfurcht vor dem Lebendigen ausdrückt, kann eine innere sittliche Bindung entstehen.

Analog der Neuzeitkritik übt Guardini scharfe Kritik am modernen Menschen, den er als einen reinen Aktivisten bezeichnet. Der neuzeitliche Mensch trägt nach ihm keine Verantwortung für sein Dasein, erkennt keine absoluten Werte an und läßt keine objektiven Maßstäbe gelten, die nicht empirisch feststellbar sind. Sein gesamtes Dasein ist entmythologisiert. Der moderne Mensch lebt nur noch für seine Arbeit, sie besitzt eine metaphysische Aura. Er wird ihr Sklave; sie bestimmt seinen Tagesablauf. Aus dieser Abhängigkeitssituation kann der Mensch sich nur befreien, wenn es ihm gelingt, das kontemplative und meditative Moment in seinem Inneren wiederzuerwecken.

Zentrales Anliegen Guardinischer Neuzeitkritik war es, die Autonomie und die sich daraus entwickelnde Endlichkeit zu überwinden; es ging ihm um einen Gesinnungswandel, ein anderes Bewußtsein, das keine technische Wende vollzieht, sondern sich fragen muß, was mit dem Humanum geschehen soll, wenn die Entwicklung so weitergeht. In dieser »kommenden Epoche« geht es darum, daß sich die geistigen Werte gegenüber den technisch-wissenschaftlichen durchsetzen. Es geht nicht um Reformen am herkömmlichen System, sondern es ist eine neue Basis aufzubauen, die der Freiheit einen größeren Raum läßt, von der der Mensch die Sinnlosigkeit seines Daseins erkennt. Dieser Umschwung in der Geisteshaltung der Epoche kann nur durch eine verstärkte Meditation erreicht werden, durch eine Stärkung der inneren Kräfte des Menschen. Erkenntnistheoretisch drückt sich diese Haltung dadurch aus, daß sich der Schwerpunkt vom Denken ins Schauen verlagert. Das Lebendig-Konkrete ist wiederzuentdecken, dadurch wird dem Menschlich-Wesentlichen zum Durchbruch verholfen. Der optimistische Fortschrittsglaube wird abgelehnt, der Wert der Freiheit und die Verantwortung für sie erhält höchste Priorität, da sie überall bedroht ist, durch die elektronischen Medien, ebenso wie durch totalitäre Herrschaftsformen. Die menschliche Würde wird zur Maxime des Handelns. Dies kann aber nach Guardini nur durch eine gelebte Askese und eine religiöse Grundhaltung entstehen, die das Dasein bestimmen. Die zukünftige neue Kultur entsteht also nur durch richtige Gesinnung, durch Entsagung und Selbstaufopferung. Aus dieser Haltung heraus ist die Theorie der Notwendigkeit der gesellschaftlichen Prozesse zu überwinden. Der Glaube an eine Determination des Daseins als Geisteshaltung ist zu bekämpfen. Sie ist die »mörderische Unwahrheit«. Es geht also darum, einer bestimmten Tendenz in einer bestimmten Kulturepoche zu widerstehen. Konkret bedeutet dies, daß der jeweilige ›Zeitgeist‹ nicht unreflektiert akzeptiert werden soll.

Das ganze Dasein des Menschen ist in die Reflexion miteinzubeziehen, dies kann jedoch nur aufgrund eines adäquaten Menschenbildes geschehen. Das Handeln der künftigen Zeit soll sich an Werten ausrichten und nicht am Erfolg. Es erfolgt aus dem Wesen des Menschen; es erfüllt keinen Zweck. Aus der inneren Mitte hat das Handeln zu geschehen, und es ist auf absolute

Positionen zu richten bzw. hat von diesen aus zu erfolgen. In dieser »Nachneuzeit« gelingt es, die Macht zu beherrschen, und zwar durch Freiheit und Verantwortung. Die Spaltung in einen wertfreien politischen Raum und ein machtfreies Kulturbewußtsein ist aufgehoben, da es durch ein neues Bewußtsein gelungen ist, den Menschen in seine ursprüngliche verantwortungsvolle Stellung zurückzuversetzen. Die Werte Freiheit, Verantwortung, Würde und Askese sind auf ihre originäre Bestimmung zurückgeführt.

Hier zeigt sich bei Guardini ein Widerspruch, weil diese Werte selbst neuzeitlicher Natur sind. Es geht ihm also nicht so sehr um die Überwindung der Neuzeit, sondern um ein Richtigwerden der Neuzeit, was er aber als nachneuzeitliche Epoche klassifiziert.

Der politische Aspekt Guardinischer Kulturkritik findet seine Fortsetzung in seiner Staats- und Gesellschaftskritik. Sie setzt ebenfalls bei der Frage der Autonomie an. Die Autonomsetzung des Menschen wird für die diversen Krisen des Staates verantwortlich gemacht. Der Schwerpunkt der Staatskritik zielt auf die Funktionalisierung der Lebensweise, die eine sittliche Bindung des Bürgers an seinen Staat nicht aufkommen läßt. Bevor es nicht zu einem Wechselverhältnis zwischen dem Menschen als Person und der Gesellschaft kommt, das sich auf personaler Ebene abzuspielen hat, kann es zu keiner Gemeinschaft kommen.

Für Guardini hat der Staat die Fragen des Menschen nach dem Wozu und Warum zu beantworten. Der Staat ist der irdische Stellvertreter des Transzendent-Absoluten und hat für Ordnung zu sorgen. Fehlt diese religiöse Fundierung, dann treten die ökonomischen Zwecke stärker in den Vordergrund. Mit diesem Gedankengut reiht sich Guardini in die normativ-ontologische Richtung der Politikwissenschaft ein, die ebenfalls für ein Politikerverständnis eintritt, das jenseitige Seinsbereiche als real miteinbezieht und die Fragen nach dem Wozu und Warum beantwortet. Guardini geht es bei seiner Kritik des modernen Staates um eine Kritik der mechanistisch-funktionalistischen und technologisch-technokratischen Haltung. Diese Haltung ist das Ergebnis des Positivismus. Deshalb ist Guardinis Kritik primär eine Kritik am Positivismus.

Obwohl Guardini einige Aspekte des demokratischen Staates kritisiert hat, kann ihm eine demokratische Gesinnung nicht abgesprochen werden. Er setzt sich vehement für die Freiheit ein. Es kann sie ohne Bindung nicht geben, weil sie sonst in Willkür und Unfreiheit ausartet. Guardinis Freiheitsverständnis ist nicht die Freiheit »von«, sondern Freiheit »zu«. Die neuzeitliche Freiheitsauffassung besteht dagegen in der Freiheit von jeglicher Bindung. Sie ist emanzipatorisch und sieht in der egoistischen Selbstverwirklichung ihr Ideal. Dieser Auffassung ist Guardini entgegengetreten. Er tritt für eine sittliche Freiheit ein, derzufolge der Mensch nach seinem Wesen handelt, das Gute tut und seinem Gewissen folgt, das auf das Transzendent-Absolute bezogen ist.

Guardinis Gesellschaftsentwurf als Gemeinschaft hat die Personwerdung des Menschen vorauszugehen. Zur Personwerdung gehört das Bewußtsein, daß der Mensch im Anruf des Transzendent-Absoluten steht und sein Ebenbild ist. Diese Ich-Du-Beziehung ist aber allein nicht hinreichend für die volle Personwerdung. Hinzuzutreten hat der Bezug zur Gesellschaft. Dieser Weltbezug bildet die zweite Säule der Person. Sachwelt und Person gehören somit zusammen. Dadurch erfährt das Personale seine Integration in eine Ganzheit. Die Person ist auf Transzendenz und Immanenz angelegt. Sie erfährt durch beide eine Begrenzung ihrer selbst. Dies bedeutet, daß es ein vollständig autonomes immanentes Wesen nicht geben kann, ja es wäre eine contradictio in adjecto. Zur Gesellschaftskrise kommt es, wo dieses Wechselverhältnis gestört ist. Eine Störung liegt für

Guardini dort vor, wo der Mensch in seine Sachgesetzlichkeit gezwungen wird, da sie dem Wesen des Menschen widerspricht. Er verlangt eine Gesellschaftsformation, die dem Wesen der Person entspricht.

Guardinis Vorstellungen von der Gesellschaft als Gemeinschaft beruhen auf seinem Gegensatzdenken, da für ihn das Leben aus Gegensätzen besteht, Individuum und Gemeinschaft bilden eine Einheit, sind aber nicht voneinander ableitbar.

Guardinis Vorstellungen des Politischen beruhen auf der individuellen Verantwortung des einzelnen für das Ganze. Das bedeutet, daß das Politische nicht in der Durchsetzung von Individual- und Gruppeninteressen zu sehen ist, wie dies in der pluralistischen Demokratie der Fall ist, sondern das Gesamtinteresse der Gesellschaft ist oberste Handlungsmaxime. Der einzelne darf sich soweit verwirklichen, als es nicht zu Lasten der Gemeinschaft geht. Demgegenüber hat die Gemeinschaft jedem einzelnen Freiraum zu gewähren. Eine Gemeinschaft trägt alle Leistungen und Aufgaben, die vom einzelnen nicht erfüllt werden können.

Politik und politisches Handeln hat sich nach Guardini am Sittengesetz auszurichten, jedoch nicht im Sinne von Kant, der das Gute mit dem Transzendent-Absoluten gleichsetzt, wodurch das Eigentliche des Sittlichen aufgegeben wird, nämlich Selbständigkeit und Selbstverantwortung, sondern das Sittengesetz sagt dem Handelnden, was gut und böse ist. Diese Form von Sittlichkeit hat sittliche Praxis und Wirklichkeit zusammenzusehen. Trotz dieser Einwände gegen die Verabsolutierung des Sittengesetzes ging es Guardini darum, dem sittlichen Verhalten in der Politik zum Durchbruch zu verhelfen.

Das Wesentliche an Guardinis Vorstellungen vom Politischen ist seine radikale Kultur- und Gesellschaftskritik. Sie ist nicht von Aristokratismus, Nihilismus und Massenverachtung geprägt, sondern es steht die Integrität der menschlichen Person im Mittelpunkt. Er wendet sich gegen den modernen Individualismus und tritt damit gegen die Kultur eines Oswald Spenglers, Friedrich Nietzsches oder José Ortega y Gassets an, die den Ausweg aus der Krise in einem übersteigerten Elitebewußtsein sehen. Im Gegensatz zu ihnen bekennt sich Guardini zum Menschen der Masse. Die Masse hat, wenn der personale Charakter des menschlichen Daseins gewahrt bleibt, einen positiven Sinn. Dieser Sinn liegt im Herrschaftswerk über die Welt, das aus den Möglichkeiten der individuellen Initiative und des Zusammenhanges individualistisch geformter einzelner nicht bewältigt werden kann. Seine christlich-humanitäre Kultur- und Gesellschaftskritik unterscheidet sich somit grundlegend von der aristokratisch-nihilistisch-massenverachtenden eines Spenglers, Nietzsches und Ortega y Gassets.

Guardini bleibt mit seinen Ansichten auf dem Boden der bürgerlichen Gesellschaft, obwohl er die Gefahr sieht, daß das Bürgerliche vom massenhaften Denken verdrängt werden könnte. Trotz seiner scharfen Kritik geht er immer von einer Ordnung des menschlichen Lebens aus. Er vertritt nie Thesen von einer radikalen gewaltsamen Umkehr der Gesellschaft. Da er geschichtlich denkt, weiß er, daß man seine Vergangenheit anzunehmen und aus ihr heraus die Zukunft gestalten soll. Deshalb tritt er auch für ein solidarisches und verantwortungsbewußtes Handeln ein. Sein Versuch einer Neuorientierung sowohl auf kulturellem als auch gesellschaftlichem Gebiet ist allerdings von zu wenig Realismus und zu viel Utopismus getragen, da er bei seiner Analyse den realpolitischen Aspekt unberücksichtigt läßt.

II Romano Guardinis Kritik der Neuzeit und deren Überwindung

1 Die Autonomie als Wurzel der Neuzeit

Autonomie war bei den Griechen eine zentrale politische Kategorie. Die griechischen Stadtstaaten versuchten sie immer wieder zu erreichen, um ihre politischen Angelegenheiten selber regeln zu können. So verstand z. B. Herodot Autonomie als innere und äußere politische Freiheit im Gegensatz zur Abhängigkeit.

Das Mittelalter kennt den Begriff der Autonomie nicht. Erst zu Beginn der Neuzeit im Laufe des 17. und 18. Jahrhunderts gewinnt er in der Rechtswissenschaft an Bedeutung[1]). Mit Immanuel Kants Theorie der Autonomie bekommt der Begriff eine philosophische Relevanz. Autonomie meint jetzt nicht mehr ein bestimmtes Recht auf institutionelle Selbstbestimmung, sondern der Begriff steht jetzt für die Möglichkeit und Bestimmung des Menschen, sich durch sich selbst in seiner Eigenschaft als Vernunftwesen zu bestimmen. Dieses Verständnis richtet sich gegen jede Auffassung vom Menschen im Sinne einer Naturtheorie als auch gegen jede Art gesellschaftlicher Fremdbestimmung durch Unterdrückung. Autonomie in diesem Sinne bedeutet eine Selbstgesetzgebung durch die Vernunft. Autonomie ist ein Strukturprinzip der gesamten Kantischen Philosophie und das oberste »Prinzip der Sittlichkeit«. Das moralische Gesetz drückt nichts anderes aus als die Autonomie der reinen praktischen Vernunft.

Kants Autonomiebegriff erfuhr Kritik durch Friedrich Heinrich Jacobi, Friedrich Schlegel und Franz von Baader. Sie wendeten sich gegen eine Selbstbestimmung der Autonomie durch Vernunft, weil dies die Bindung des Menschen und seiner Moralität an Gott verneine. Auch für Schlegel ist das Sittenge-

---

1) Die Idee der Autonomie des Menschen hat ihren Vorläufer in dem Gedanken der Volkssouveränität, der auf Jean Bodin zurückgeht.

setz in Gott verankert. Somit ist Kants und Johann Gottlieb Fichtes Begründung der Moral aus der Selbstbestimmung der Vernunft heraus verwerflich. Eine Autonomie, die in der Sittlichkeit einen letzten Wert sieht, übersieht die Kreatürlichkeit des Menschen und den Herrschaftsanspruch des Transzendent-Absoluten.

Auch Romano Guardini gehört zu den schärfsten Kritikern des Kantischen Autonomieverständnisses, da die Autonomie zum Abfall des Menschen vom Transzendent-Absoluten beigetragen und ihn somit dem Nichts ausgeliefert hat. Die Abkehr des Menschen vom Transzendent-Absoluten und die Erfahrung des Nichts, der Sinnlosigkeit, werden zu den bestimmenden Daseinsweisen moderner Existenzerfahrung. Dieses Ereignis wird als Fortschritt gewertet. Indem der Mensch sich vom Transzendent-Absoluten loslöst und sich gegen es wendet, tritt er aber zu seinem eigenen Seinsprinzip in Widerspruch. Weil der Mensch von Natur aus auf Absolutes angelegt ist, wird an die Stelle des Absoluten ein immanentes Prinzip gesetzt, das dann verabsolutiert wird. An die Stelle der Verantwortung des Menschen für die Welt tritt der Anspruch, Herr seiner selbst und der Welt zu sein[2]). Guardini kritisiert diese Einstellung des modernen Menschen. Mit jedem einzelnen fängt alles neu an, da jeder als autonom angesehen wird. Hinzu tritt noch das Faktum, daß der Wunsch seine Existenz evolutionär begründet; er leitet sich biologisch vom Tier her. Dadurch hat der Mensch sich aus seiner metaphysischen Verankerung gelöst. Durch diese Loslösung treten nun die Kräfte des Menschen in eine rätselhafte Autonomie gegen ihn selbst[3]). Es entsteht ein Gefühl, daß die Welt überall ist. Dieser sich im menschlichen Bewußtsein festsetzenden Haltung der Unbegrenztheit korrespondiert ein Fortschrittsglaube, der seine Legitimation aus einer metaphysi-

---

2) Vgl. Guardini, 1977b, 76; ders., 1953c, 402.

3) Vgl. ders., 1966, 17; ders., 1948/49, 112.

schen These ableitet, nämlich daß sich in Zukunft alles zum Besseren wende. Der Beweis dieser These kann aber immer erst ex post erbracht werden. Obwohl dies ein Resultat der Autonomie des Menschen ist, widerspricht es neuzeitlich-wissenschaftlicher Erkenntnishaltung, die nur das akzeptiert, was evident und intersubjektiv überprüfbar ist. Durch diese Haltung wird es nicht mehr möglich, aus der irrationalen Totalität des geschichtlich-gesellschaftlichen Lebens eine Erkenntnis abzuleiten, die diesen Gegenstand zur Grundlage einer Theorie macht, und aus dieser eine Gesellschaftskritik formuliert. Die metaphysische Kritik an der modernen Wissenschaft nimmt daher die Gestalt einer Gesellschaftskritik an, in die unreflektiert die Themen der Metaphysik einwandern[4]).

Auch Guardini sieht bei der Autonomisierung der Welt überall das Religiöse am Werk. Die Autonomieerfahrung vollzieht sich ursprünglich auf religiösem Wege. Die Schizophrenie besteht darin, daß sie die Transzendenz leugnet, gleichzeitig aber behauptet, daß die Welt selber von religiöser Macht, Tiefe und Herrlichkeit durchströmt ist[5]).

Durch die konsequente Umsetzung des Autonomieprinzips im Ganzen der Gesellschaft tritt ein Problem ins Bewußtsein des Menschen, das der Selbstbestimmung widerspricht, nämlich die Kontingenz[6]) oder die Endlichkeit des Daseins. Durch den Transzendenzverlust des Menschen erscheint ihm seine Endlichkeit im Angesicht des Todes als Nichts. Das Nichts stellt implizit eine permanente Bedrohung seines Seins dar. Für

---

4) Vgl. Rohrmoser, 1983, 314.

5) Vgl. Guardini, 1938a, 409.

6) Unter Kontingenz wird hier das verstanden, was den Grund seines Seins nicht in sich selber trägt, sondern was als Seiendes bedingt ist. Das kontingente Seiende ist also notwendig, insofern es ist, doch seine tatsächliche Existenz ist nicht unbedingt notwendig. Es besteht die Möglichkeit, daß es nicht existiert (vgl. Weissmahr, 1983, 66).

Guardini erfährt der Mensch aber durch die Offenbarung[7]), daß er erlöst wird. Da die Offenbarung aber keine gelebte Wirklichkeit mehr ist, wird die Todeserfahrung des Menschen so stark, daß sie den Schein erzeugt, der Mensch existiere auf das Nichts hin. Dies entspricht jedoch nicht der Erfahrung, da »auf der anderen Seite« das Numinose steht. Dies wissend, erscheint der Begriff des Nichts als eine Verzweiflungsantwort. Die auftretende Angst ist die Bewußtwerdung der Endlichkeit. Eine Steigerung dieser Endlichkeit, ihrer Werte und Ziele ergibt immer nur größere Endlichkeit. Sie kann erst durchbrochen werden, wenn ein Wandel vom Quantitativen zum Qualitativen stattfindet. Die Endlichkeit äußert sich in der Erfahrung der Leere, der Angst der Orientierungslosigkeit und des Überdrusses am Materiellen. Sie sind Symptome dafür, daß der Mensch nur mit Endlichem umgeht. Dies ist gleichzeitig der Beweis dafür, daß das Wert- und Sinnverlangen des Menschen auf das Absolute angelegt ist[8]). Jeder Mensch strebt also von Natur aus nach Sinn, d.h. jede Handlung des Menschen muß sinnvoll sein. Dieser Behauptung liegt implizit die These zugrunde, daß das menschliche Handeln auf ein Ziel ausgerichtet ist. Der Mensch ordnet jedem Handeln oder auch Nichthandeln einen Sinn zu. Betrachtet man jedoch eine Handlung, so stellt man fest, daß Sinn eigentlich nur das hat, was in irgendeiner Weise über sich hinausweist. Konkret heißt dies, daß das Ziel der menschlichen Selbstverwirklichung nicht per intentionem, sondern nur per effectum erreicht werden kann. »Menschsein heißt, immer schon über sich selbst hinaus und auf etwas gerichtet sein, das nicht wieder es selbst ist, auf etwas oder auf jemanden, auf einen Sinn, den es erfüllt, oder auf anderes menschliches Sein, dem es liebend begegnet. Und es gilt, daß

---

[7]) Hier führt Guardini eine theologische Kategorie zur Erklärung eines philosophischen Phänomens ein.

[8]) Vgl. Guardini, 1982, 27.

der Mensch in dem Maße er selbst ist, in dem er sich selbst übersieht und vergißt«[9]).

Die einzelnen Handlungen haben nur dann einen Sinn, wenn das Ganze unseres Daseins einen Sinn hat. Diese Frage nach dem Sinn des Ganzen ist für viele in den Hintergrund getreten, weil sie nur das empirisch Nachprüfbare als sinnvoll betrachten. Was sich ihrer Kontrolle entzieht, wird dem Gefühl zugerechnet, über das man nichts Konkretes wissen kann.

Wenn sich die Frage nach dem Sinn des ganzen Lebens stellt, wird implizit nach dem gefragt, was keiner weiteren Begründung mehr bedarf, was also unbedingt ist. Wo immer der Mensch als letzten Sinngrund das Transzendent-Absolute leugnet, setzt er andere Gegenstände an seine Stelle. Ein immanenter Bereich wird also absolut gesetzt und erfährt eine geradezu religiöse oder pseudoreligiöse Verehrung. Dies zeigt sich deutlich daran, wie der moderne Mensch die Materie, den wissenschaftlich-technischen Fortschritt, das Leben oder die Entwicklung, die Klasse oder Partei oder andere persönliche Ziele wie Macht, Besitz, Konsum oder Erfolg verherrlicht. Hat der Mensch weder das Transzendent-Absolute noch einen Götzen, so erlebt er seine Existenz als sinnlos. In seinem Dasein kommt es zu einem Vakuum, zu einem Nichts. Das menschliche Dasein wird von einer gähnenden Leere erfüllt. Das heißt, daß das Nichts zur Grundstimmung des Daseins wird. Dieses Nichts, das am Ende der Neuzeit steht, ist eine Verzweiflungsantwort, ein letzter Versuch der Autonomie, sich selbst zu erhalten. Dieses Nichts ist in Wahrheit die Stelle, die durch die Leugnung des Transzendent-Absoluten leer wird: das »Gespenst Gottes«. Nicht das Nichts »nichtet«, um es mit einem Ausdruck Martin Heideggers zu sagen, sondern das Dasein des Menschen.

Indem Guardini den Transzendenzverlust des modernen Menschen kritisiert, der sich in der Geisteshaltung des Nichts

---

[9]) Frankl, 1972, 75.

ausdrückt und seine Ursache in der Autonomsetzung des Menschen hat, wird deutlich, daß es sich um ein Sinnproblem handelt. Autonomie und Sinndefizit stehen in einer wechselseitigen Beziehung. Durch die Autonomie kam es zu einer Aufspaltung von Erkenntnisakt und Sinngebung. Einerseits gibt es das »objektive« Beobachten und Analysieren, dies ergibt aber keinen Sinn, andererseits bedarf es der autonomen Sinnerzeugung, was aber im Belieben des einzelnen steht. Beides liegt in der Macht des Menschen selbst.

Dieser Zwiespalt führt zur Entfremdung des Menschen von seiner Wirklichkeit. Dieses rein subjektiv orientierte Sinninteresse und die Unfähigkeit zur objektiven Sinnerfahrung führen zu Sinn- und Existenzkrisen und zur Orientierungslosigkeit. Sie läßt sich deutlich in der heutigen Kunst und politischen Kultur ablesen. Der Autonomiebegriff weist also eine Sinnschwäche auf, die zur Entfremdung des Menschen gegenüber der Realität geführt hat. Der Autonomiewille hat dazu geführt, daß die Endlichkeit nicht mehr transzendiert werden kann. Der Mensch beginnt in dieser Endlichkeit zu kreisen. Das gesamte Dasein wird funktionalisiert. Absolutes wird durch Endliches ersetzt, um es beherrschen zu können[10]).

Guardini hat die Autonomie zur Kennzeichnung für die Aufklärung als des vorherrschenden Moments im Selbstverständnis der Neuzeit gebraucht[11]). Die Autonomie stellt den Begriff der Selbstthematisierung der Gegenwart dar. Autonomie und Krise der Moderne hängen somit eng zusammen. Moderne wird hier verstanden als die Epoche seit der anthropozentrischen Weltschau, in der sich die Gesellschaft augenblicklich befindet. Die Absolutsetzung der Autonomie wird in der Moderne zum Medium ihres eigenen Unterganges.

---

10) Vgl. Schmucker-von Koch, 1985, 62.
11) Vgl. Schlette, in: Gerl, 1981, 63.

Durch die Kritik an der Autonomie soll der Mensch zur Selbst- und Welterkenntnis kommen, deren Struktur nicht mehr vom Prinzip radikaler Autonomisierung aller Daseinsbereiche bestimmt ist, sondern vom Verhältnis zur Transzendenz. Deshalb ist der These zuzustimmen, daß nur die Vernunft unter Einbeziehung der Transzendenz in der Lage ist, Humanität und Freiheit in Zukunft zu retten. Nur ein Bewußtsein, dessen Struktur vom Verhältnis zur Transzendenz bestimmt ist, kann die Leistungen der Moderne über sich hinaus retten[12]).

Dagegen behaupten die Vertreter des Autonomieprinzips, daß die Probleme der Moderne durch die inkonsequente Umsetzung dieses Prinzips entstanden sind. »Ich bin der Auffassung, daß die gesellschaftliche Misere nicht von einem Zuviel, sondern von einem Zuwenig an Aufklärung herrührt. Das Problem ist nicht der Überfluß, sondern der Mangel an Aufklärung in der Form, wie sie bei Kant formuliert ist und auch bei den französischen Aufklärern, nämlich Aufklärung als Vergrößerung und Verstärkung der Selbstbestimmung, der Freiheitsfähigkeit und des Autonomiespielraums des Menschen«[13]), so Oskar Negt in einem Interview. In Anbetracht der heraufziehenden Gefahren, die durch die Gentechnologie oder die Bedrohung der Umwelt entstehen, plädiert Negt für einen »hippokratischen Eid« und eine freiwillige Selbstbeschränkung des Wissenschaftlers. In dieser Haltung zeigt sich ein Umdenkungsprozeß, da allgemein alles umgesetzt worden ist, was umsetzbar war. Alles, was sich dieser Umsetzung entgegenstellt, ist als fortschrittsfeindlich und inhuman angegriffen worden. Trotz dieser aufkommenden

---

12) Vgl. Schmucker-von Koch, 1985, 11.
Ging es nach Kant darum, die Autonomie der Vernunft dadurch zu begründen, daß er sie gegen die Transzendenz sicherte, so geht es heute darum, die transzendenten Ansprüche an die Vernunft zu retten, um dadurch die Vernünftigkeit der Vernunft zu sichern.

13) Vgl. Negt, 1985.

Skepsis tritt sowohl Negt als auch Dieter Henrich für eine Universalisierung des Autonomieprinzips ein[14]).

Gegenüber dem Mittelalter stellt die Neuzeit mit ihrem Autonomieprinzip einen großen Fortschritt dar. Trotz aller Kritik an der Autonomie kann hinter sie nicht mehr zurückgegangen werden. Ein Ausstieg oder eine radikale Umkehr würde zu einer »Archaisierung« der Gesellschaft und zur Errichtung eines totalitären Regimes führen.

Gegen die Vertreter der Autonomiethese kann eingewendet werden, daß sie bisher die Existenz des Menschen als einseitig materielle definiert haben. Diese immanente Sichtweise widerspricht aber dem Wesen des Menschen, das im Prinzip auf das Unendliche angelegt ist. Ist dieses Absolute kein transzendenter Wert, so wird das menschliche Streben grundsätzlich pervertiert, da es rein immanent gedeutet wird. Da der neuzeitlich-autonome Mensch nur sich selbst oder die empirisch-erfahrbare Umwelt als Gewißheit gelten läßt, setzt er sich demzufolge rein innerweltliche Werte, auf die er dann sein Streben ausrichtet. Nach Erreichung dieses Zieles merkt der Mensch aber, daß er das Glück oder den Sinn wieder verfehlt hat. So setzt er sich immer wieder neue Ziele. Sein Leben wird dadurch rastlos, da er beständig auf der Suche ist.

Da auch der autonome Mensch weiß, daß er endlich ist, d. h. sterben muß, wird ihm die Endlichkeit zum größten Problem seiner Existenz. Er weiß, daß er nicht notwendig ist. Dieses Kontingenzproblem durchzieht implizit alle Handlungen der Menschen. Um als Mensch human zu bleiben, braucht er die Ausrichtung auf ein Transzendent-Absolutes. Verschwindet dies aus seinem Leben, so wird er rastlos, unverbindlich, oberflächlich, banal und brutal. Diese Merkmale charakterisieren das Wesen des modernen Menschen.

---

14) Vgl. Henrich, in: Ebeling, 1976, 119.

Der autonome Mensch hat sich mit seiner Haltung übernommen, da er als etwas Absolutes leben will, ohne selbst absolut zu sein. Er möchte nicht Abbild des Transzendent-Absoluten sein, sondern Urbild. Der Mensch ist eine Art »Prothesengott« geworden[15]). Diese Gottähnlichkeit wird sich in Zukunft noch steigern; sie führt aber nicht zu einem größeren Glück. So steht der neuzeitlich autonome Mensch vor der gleichen Entscheidung wie der Mensch in früheren Epochen. Er hat zwischen dem Transzendent-Absoluten oder sich selbst als Kristallisationspunkt seiner Existenz zu wählen. Entsprechend dieser Entscheidung wird sich sein Leben gestalten.

Für Guardini ist das Gefühl der Endlichkeit mit religiöser Energie erfüllt, ebenso wie das Nichts numinosen Charakter trägt. Die religiöse Mächtigkeit der Absolutsetzung der Welt wendet sich ins Umgekehrte, an die Stelle der alles durchwaltenden Unendlichkeit, tritt die im »dennoch« erfahrene Intensität des Endlichen[16]).

Autonomie und Kontingenzerfahrung haben somit eine göttliche Ausrichtung. Die Würde des Menschen, die im Transzendent-Absoluten gründet, ermöglicht es dem Menschen, seine Endlichkeit zu ertragen. Indem der Mensch sich aber Attribute der Unendlichkeit angeeignet hat, will er das Transzendent-Absolute auslöschen, und die Endlichkeit soll die einzig gültige Basis seiner Existenz und die der Welt sein. Dies soll die Existentialnot auflösen. Ergebnis ist aber der Durchbruch der bloßen Endlichkeit, die keinen Bezug zum Transzendent-Absoluten mehr hat. In die Existenz tritt das »nichtende Nichts« ein. Das Bewußtwerden der Endlichkeit im Ortlosen veranlaßt den Menschen, die Attribute des Transzendent-Absoluten in der radikalen Endlichkeit an sich zu ziehen. Die Vervollkommnung und Spezialisierung der Welt bringt nicht nur Humanisierung,

---

15) Vgl. Freud, 1974, 87.

16) Vgl. Guardini, 1938a, 409.

sondern eine subtile Menschenverachtung; dies kann täglich beobachtet werden.

Guardinis Kritik der Autonomie geschieht von dem Hintergrund eines platonisch-wertphilosophischen Ansatzes aus. Es werden das Lebendige und die der intuitiven Erkenntnis zugänglichen Ideen und Werte der reinen Rationalität entgegengestellt; dies verbindet Guardini mit den deutschen Existenzphilosophen und dem Personalismus[17]). Eine so verstandene Autonomie wäre die Synthese zwischen einer rein immanenten Daseinsweise, die sich in ihrer extremsten Form im Nichts zeigt, und einer Transzendenz, die den Boden zur Realität verloren hat.

Damit der Mensch sein wahres Menschsein verwirklichen kann, hat er sich die sittliche Autonomie als Aufgabe vorzunehmen. Konkret heißt das, daß er die Verantwortung für sein Denken und Handeln übernimmt. Nur in ihr und durch sie kann das Streben nach Emanzipation, Befreiung aus Unmündigkeit, Verwirklichung echter Werte gelingen, ohne in unsittliche Willkür abzugleiten. Dabei ist jedoch zu berücksichtigen, daß der Mensch nicht das Maß aller Dinge ist, wie dies schon Protagoras festgestellt hat, sondern daß er eine über ihm stehende Realität anerkennt, die er aus der Seinswirklichkeit[18]) erkennen kann. Ist er dazu in der Lage, wird es ihm gelingen, die selbst verursachte Krise zu meistern. Dies ist auch die Vorstellung Guardinis. Er ist der Überzeugung, daß der Mensch in der Lage ist, die Neuzeit »recht« zu machen, wenn er auf seine Absolutsetzung verzichtet und dem Transzendent-Absoluten seine ihm gebührende Stellung wieder einräumt. Wie nun Guardini die Neuzeit perzipiert, welches bei ihm ihre konstituierenden Elemente sind und wie die Krise der Neuzeit gelöst werden kann, wird im folgenden behandelt.

---

17) Vgl. Schlette, 1970, 274.
18) Vgl. Voegelin, 1959, 26.

2 Das Selbstverständnis der Neuzeit

Wie die Weltgeschichte, so kann auch die Geschichte der Philosophie in drei Perioden eingeteilt werden: Altertum, Mittelalter und Neuzeit. Eine solche Einteilung ist aber besonders in der Geistesgeschichte sehr fraglich, da sich geistige Strömungen nicht eindeutig an fest datierbaren Ereignissen festmachen lassen. Dies wird besonders deutlich beim Übergang vom Mittelalter zur Neuzeit. Es gibt zwar seit René Descartes im 17. Jahrhundert einen neuzeitlichen Geist, aber bis dieser sich durchsetzen konnte, bedurfte es einer langen Übergangszeit. Die Wurzeln dieser neuen Geisteshaltung liegen tief im Mittelalter. Es ist deshalb notwendig, die Kerngedanken des Nominalismus, des Humanismus und der Reformation aufzuzeigen, um die Unterschiede zur Neuzeit deutlich markieren zu können.

Der geistige Umbruch, der sich zwischen dem 14. und 17. Jahrhundert vollzogen hat, kann wie folgt charakterisiert werden: Die überkommene, hierarchische Ordnung der Wirklichkeit zerbricht und macht einer Auffassung Platz, in der alles gleichartig nebeneinander steht. In der Naturwissenschaft führt dies zu einer mathematisch-quantitativen Methode, die Welt zu untersuchen und technisch nutzbar zu machen. Im Bereich der Werte und Anschauungen heißt das, daß der einzelne bei seinen Entscheidungen mehr und mehr auf sich gestellt ist. Dadurch erfährt das Individuum und seine persönliche Freiheit eine Stärkung. Es bedeutet aber gleichzeitig, daß dem einzelnen Kriterien für seine Gewißheit und für eine verantwortungsvolle Entscheidung an die Hand gegeben werden müssen.

Die innere Auflösung der mittelalterlichen Weltanschauung und Gesellschaftsordnung findet ihren geistigen Ausdruck im

Nominalismus[19]) des Spätmittelalters. Ihm liegt der alte Streit zwischen Platonismus und Aristotelismus zugrunde. Dabei geht es einerseits um die geistig-intuitive Erkenntnis, nämlich ohne Vermittlung durch die Sinneswahrnehmung (Platonismus), andererseits um die geistige Erkenntnis in Rückbindung an die sinnliche Erfahrung (Aristotelismus). In diesem Spannungsverhältnis steht das ganze mittelalterliche Denken. Der Nominalismus bindet das Denken nur noch an die Erfahrung, so daß es darin unterzugehen droht. Die Allgemeinheit des Begriffes löst sich auf in die Einzelheit der jeweiligen Erscheinung. Es gibt kein Universales mehr. Es gibt nur noch einen gemeinsamen Namen für eine Vielheit einzelner Erscheinungen.

So wird das Denken an die Erfahrung verwiesen. Es wendet sich vom Jenseits zum Diesseits, von der Transzendenz zur Immanenz, es wendet sich der Erkenntnis der Natur zu. Dies wird zum Ansatz der Naturwissenschaft.

Als zweites Element im Geistesleben der damaligen Zeit

---

19) Der Nominalismus geht auf die Auseinandersetzung zwischen Platon und Aristoteles zurück, und zwar auf die Frage nach der dem Allgemeinen oder den »Universalien« zukommenden Wirklichkeit. Dieser Streit durchzieht die gesamte Philosophie, bis er in der Frühscholastik zum beherrschenden Thema wurde.
Dabei stehen sich zwei Ansichten gegenüber. Die eine Richtung gibt dem Allgemeinen die höhere Wirklichkeit gegenüber dem einzelnen; sie wird Realismus genannt. Dieser Haltung entsprach die mittelalterliche Ordnungswelt. Konkret heißt dies, daß die Universalien, die allgemeinen Gegenstände, eine Eigenexistenz besitzen, die natürlich auch als eigentümliche Existenzart gedacht werden müssen.
Bei der anderen Haltung sind nur die Einzeldinge wirklich; die allgemeinen Begriffe sind nicht in der Wirklichkeit, sondern nur im Intellekt vorhanden, sie sind bloße ›nomina‹, bloße Bezeichnungen und Abkürzungen; deshalb Nominalismus.
Es sei angemerkt, daß Realismus hier die entgegengesetzte Bedeutung hat wie im neueren Sprachgebrauch. Realismus im Sinne der Scholastik ist das, was heute als Idealismus bezeichnet wird.

entsteht der Humanismus, der von Italien seinen Ausgang nimmt. Er will die erstarrte Scholastik durch die Entfaltung des konkret Menschlichen, des Humanums, überwinden. Deshalb wird die Antike zu neuem Leben erweckt.

Man wendet sich mit neuer Wertschätzung der geistigen und kulturellen Welt des griechisch-römischen Altertums zu. Dabei gewinnt aber bald die klassische Bildung das Übergewicht gegenüber dem Glauben, so daß die humanistische Bewegung in vielen ihren Ausformungen in ein antikes Heidentum zurückfällt.

Indem man das klassische Altertum mit seinen Leistungen wiederentdeckt, meint man, darin die Leistungen des natürlich Menschlichen zu entdecken, während in der Kultur des Mittelalters das Christlich-Übernatürliche bestimmend war. Der Mensch wird in seinem Eigenwert entdeckt. Die innerweltlichen Bereiche treten neu in den Blick. Dadurch setzt eine Bewegung des Denkens von der Transzendenz zur Immanenz, vom Jenseits zum Diesseits ein. Darin verbindet sich nun der Nominalismus mit dem Humanismus, trotz der Verschiedenheit des historischen Ursprungs, und beide wirken sich in einer Wende zur Welt aus.

Als eine weitere Erscheinung im damaligen Geistesleben ereignete sich die Reformation, die eine schwere Erschütterung des Abendlandes durch den Bruch seiner religiösen Einheit zur Folge hatte. Sie kam nicht urplötzlich, sondern hatte eine lange Vorgeschichte, die weit in das Mittelalter hineinreichte[20]). Durch die Reformation verlagerte sich das Verständnis des Christlichen von der Tradition auf das reine Wort der Schrift, von der sichtbaren Kirche auf die Rechtfertigung und Begnadung des Individuums, vom kirchlichen Lehramt auf den Glau-

---

20) Die Ursachen der Reformation lagen im Kampf zwischen Kaisertum und Papsttum im Investiturstreit, im Exil der Päpste in Avignon, im abendländischen Schisma, in den schweren innerkirchlichen Mißständen. Hinzu kam der Einbruch weltlichen Geistes durch Humanismus und Renaissance in den kirchlichen Raum.

ben und das allein an der Schrift orientierte Glaubensverständnis des einzelnen, somit von der objektiv vorgegebenen Glaubenslehre auf das subjektiv christliche Glaubens- und Gnadenbewußtsein des einzelnen Gläubigen. Hierin kündigt sich im Religiösen schon die neuzeitliche Wende zum Subjekt an. Geistesgeschichtlich folgenschwer ist aber vor allem der Bruch der geistig-kulturellen Einheit des Abendlandes. Der eine Glaube und die eine Kirche gehen verloren.

Durch diese Ereignisse wird der Mensch auf sich selbst zurückgeworfen. Er stellt unabhängig vom Glauben, der Kirche und der Theologie die Frage nach seinem Standort in der Welt. Er stellt diese Frage nicht mehr als Mensch des Mittelalters, sondern als autonomes Subjekt aufgrund seiner Vernunft.

Aus diesen verschiedenen Entwicklungen entsteht das Zeitalter der Renaissance, das einen Umbruch des gesamten geistigen und kulturellen Lebens bedeutet. Das mittelalterliche Weltbild bricht jetzt endgültig zusammen, und mit revolutionärer Gewalt kommt völlig Neues zum Durchbruch. Vor allem im 16. und 17. Jahrhundert lehnt man das Alte ab und wendet sich leidenschaftlich allem Neuen zu. In diese Zeit fallen viele Entdeckungen, und es entstehen die neuen Naturwissenschaften. Es kommt zu einem Wandel des gesamten astronomischen Weltbildes in der »kopernikanischen Wende«. Der Mensch wird aus seiner überschaubaren Welt hinausgeschleudert in das Universum, in dem er seinen sicheren Standort und seine Orientierung verliert. Geblieben ist ihm die Selbstgewißheit des denkenden Subjektes. Von diesem Standpunkt aus hat er sich ein neues Fundament für seine philosophische Erkenntnis zu schaffen. Dieses wurde von dem »Vater der neueren Philosophie«, René Descartes, gelegt[21]).

---

[21]) Vgl. zum historischen Überblick: Coreth, 1972, 11 ff; Störig, 1969, 283 ff; Coreth/Schöndorf, 1983, 13 ff; Copleston, 1963, 13 ff; Hirschberger, 1979, 88 ff; Glockner, 1968, 361 ff

Mit dem Beginn der Neuzeit hört die biblische Offenbarung auf, eine unbezweifelbar religiöse Wahrheit und eine objektive Quelle der menschlichen Erkenntnis zu sein. Seither nimmt ihre Verdrängung aus dem öffentlichen und privaten Leben ständig zu. Obwohl der Glaube noch rudimentär im Leben der Gesellschaft eine Rolle spielt, wird er als eine allgemein anerkannte Norm des Daseins nicht mehr akzeptiert.

Die Neuzeit betrachtet den Menschen als ein autonomes Wesen. Dieses Wesen verwirklicht sich aus sich selber heraus, ohne jegliche Bindung an eine ihm vorgegebene Ordnung. Die Neuzeit lehnt deshalb alles ab, was nicht vom Menschen her als begründet erscheint. Nur das gilt als wahr, was die Vernunft anhand von selbst gesetzten Kriterien als objektiv festgestellt hat. Alles, was der menschlichen Verfügungsgewalt nicht zugänglich ist, wird als heteronom ausgeschlossen. Alleiniges Maß ist die Vernunft, die sich ihre Gesetze selber gibt. Alle Erfahrungen, die sich nicht auf die Vernunft des autonomen Subjektes als alleinigen Wahrheitsgrund zurückführen lassen, werden nicht akzeptiert. Sie erscheinen als Trug, letztendlich als Ideologie und damit als hinderlich für den Fortschritt der Vernunft. Sie soll ja den Menschen mit sich selber versöhnen und sein Kontingenzproblem lösen. Jede Wirklichkeit, die der menschlichen Vernunft entzogen ist, gilt als suspekt. Über die moderne Wissenschaft und Technik hat sich die autonome Vernunft der Wirklichkeit des Menschen so bemächtigt, daß gesellschaftliche Erfahrung und technische Verfügungsgewalt zusammenfallen. Die Wirklichkeit wird als gegenständlich begriffen und ist der Verfügungsgewalt des Menschen anheimgestellt. Realität ist nur das, was die wissenschaftlich-technische Vernunft feststellt und was sich in die Praxis umsetzen läßt. In einer so verstandenen Welt findet eine tiefe Entfremdung zwischen dem Menschen und seiner Lebenswelt statt, so daß der Mensch als Person nicht mehr vorkommt. Das Sein der Welt existiert nur noch neben dem Personsein des Menschen. Hier setzt die Kritik Romano Guardinis an. Er warf der Neuzeit die Nichtberücksichtigung der Person vor, wodurch die Inhumanität der Welt zugenommen habe.

Was ist für Guardini die Neuzeit? Welches sind ihre Merkmale? Welches ihre Auswirkungen auf die Entwicklung der Menschheit? Und wie kann sie überwunden werden? Romano Guardini steht der Neuzeit äußerst kritisch gegenüber, weil sie das rein Geistige erstrebt hat und ins Abstrakte geriet. Es gilt nur der abstrakte Begriff, aber kein Symbol. Durch den Verlust der Symbolik und der Seele schwinden die Menschlichkeit und die Kultur, und es entsteht eine mechanische Zivilisation. Die Neuzeit versucht mit Verstand und Technik, die Welt zu beherrschen. Der Mensch nimmt planend und technisch-gestaltend die Natur in Besitz. Vertreter der Neuzeit haben behauptet, der Mensch bedürfe weder der Religion noch anderer Mythen, da er alles durch Vernunft, eigene Initiative und rationale Planung lösen wird. Das, was die Neuzeit gerade für primitiv und anthropomorph erklärt, ist aber für Guardini das Wesentliche. Für ihn wird das Dasein des Menschen erst im Religiösen vollständig. Denn im Religiösen gelten nicht die naturwissenschaftlichen Gesetze oder philosophischen Systeme, sondern die Offenbarung des Transzendent-Absoluten. Was am Anfang der Neuzeit als Weg in die Freiheit angesehen worden ist, führt zu einer oberflächlichen Daseinsgestaltung, macht den Menschen unfähig, in sich zu stehen und sein Dasein von innen heraus zu gestalten. Das Transzendent-Absolute wird nur noch als eine Legitimationsinstanz für die Ordnung der Familie, des Staates und des Rechtes angesehen. Es hat nur noch Überbaufunktion. Einer solchen Instanz bedarf es in diesem Sinne nur solange, als der Mensch noch nicht zum vollen Bewußtsein seines Wesens und zu der Erkenntnis gelangt ist, daß die Sanktion in der Notwendigkeit der Ordnungen besteht und es des Rückgriffs auf eine Transzendenz nicht bedarf[22]).

Im Laufe der Entwicklung der Neuzeit bildet sich nach Guardini eine nicht-christliche, oft wider-christliche Lebensform heraus. Sie setzt sich als die normale durch. Selbst gläubige Menschen übernehmen sie. Die Folge davon ist, daß sich einerseits ein von christlichen Einflüssen autonomes Dasein bildet, andererseits eine Christlichkeit entsteht, die diese Autonomie nachahmt. Daneben entsteht eine religiöse Religiosität, die sich auf das Formale beschränkt, nämlich den Kristallisationspunkten des Daseins wie Geburt, Eheschließung und Tod ihre Weihen zu geben.

Guardini kritisiert, daß das gesamte Dasein des Menschen organisiert und funktionalisiert wird. Nichts erscheint mehr als Vorsehung, sondern alles ist Folge empirischer Ursachen und Wirkungen, die gesteuert werden können[23]). Um es mit Max Weber auszudrücken: die Welt erfährt ihre Entzauberung. Das gesamte Leben des Menschen wird in die Reflexion einbezogen und steht somit zur Disposition. Dadurch wird der Sinn des Lebens immer wieder in Frage gestellt. Normen, Werte, Ideen und Sinngefüge sind in die Beliebigkeit des einzelnen gestellt. In dieser »lebensverdünnenden Wirkung der Reflexion« sieht Guardini die Ursache der neuzeitlichen Krise. In dieser Reflexion liegt die Wurzel für die Glaubenszweifel und nicht in einer logischen, psychologischen oder historischen Erscheinung[24]).

Das Natürliche verschwindet durch die Technisierung der Lebenswelt immer stärker aus der Wirklichkeit des Menschen. An seine Stelle tritt das Künstliche, Geplante und Gemachte. Der Mensch schafft sich eine neue Welt, die von technischen Apparaten und Sachzwängen dominiert wird. Dadurch schwin-

---

22) Vgl. Guardini, 1923, 23 ff; ders., 1951b, 257; ders., 1958, 45 f; ders., 1952, 80 ff.

23) Vgl. ders., 1950, 115 ff.

24) Vgl. ders., 1928, 217 ff.

det das Gefühl für das Natürliche. Guardini kritisiert das Autonome der Kultur, da es dieses für ihn nicht gibt, sobald Kultur den Anspruch erhebt, über den Bereich der naturwissenschaftlichen Erkenntnis, der ökonomischen und zwecklichen Tätigkeit und von den untersten Stufen künstlerischer Bildung hinauszukommen[25]). Besteht dieser Anspruch nicht, so wird man keinen qualitativen Durchbruch in dem kulturellen Bereich erreichen. Dieser Durchbruch wird durch einen Glauben an den Fortschritt verhindert, der dem Menschen automatisch eine bessere Zukunft verspricht.

Guardini hat in Anlehnung an die Welt des Mittelalters versucht, die Unterschiede zur Neuzeit aufzuzeigen. Dabei darf ihm eine heimliche Verherrlichung des Mittelalters unterstellt werden, ohne damit behaupten zu wollen, daß er sich diese Zeit wieder wünscht; dem ist nicht so. Er war zu sehr Realist, als daß er dies für möglich und wünschenswert gehalten hätte. Was er am Mittelalter schätzt, war der Sinn für Ordnung, Maß und Autorität. Es herrschte Solidarität unter den Menschen und Pietät vor allem Seienden. Im Mittelalter verband ein Glaube die Menschen mit dem Transzendent-Absoluten und der Schöpfung. Alle Dinge wurden vom Transzendent-Absoluten her gesehen. Die natürlichen Geheimnisse des Menschen wurden nicht um ihrer selbst willen durch wissenschaftliches und experimentelles Erkennen erforscht. Eine Art Furcht oder metaphysische Scham, die Dinge zu sehen und das Wesen zu schauen, hielt den Blick des mittelalterlichen Menschen von sich selber abgewendet[26]). Guardini attestiert dem Mittelalter einen »religiösen Kurzschluß« bei der Erklärung weltlicher Phänomene. Er stand der Welt des Mittelalters zwar positiv gegenüber, betont jedoch die Verantwortung eines jeden Menschen für seine Zeit. Dabei

25) Vgl. Guardini, 1950d, 125.

26) Zur Ideengeschichte des Mittelalters vgl. Steinbüchel, 1935; Maritain, 1950, 5 ff; Copleston, 1974.

warnt er vor einer Idealisierung der Vergangenheit und einer konstruierten Zukunft. »Weder meine ich, die Neuzeit sei schlecht und habe keine eigenen Werte hervorgebracht, noch verlange ich von unserer Zeit, sie solle das Mittelalter nachahmen, gar weil es die allgemein gültige ›katholische‹ Zeit sei. Beides wäre falsch, letzteres sogar häretisch. Jede Zeit hat ihre Sendung und ihren Wert und erkauft ihre Leistung immer mit einem Mangel nach anderer Seite hin«[27]).

Für Guardini war es eine Tatsache, daß in der Neuzeit der Abfall vom Transzendent-Absoluten stattgefunden hat. Er betont ausdrücklich, daß er nicht das Mittelalter als Maßstab für die Neuzeit nimmt. Die Gegenwart sollte nie unter dem Maßstab früherer Epochen gesehen werden, da jede Epoche ihr eigenes Bild und ihre eigene Aufgabe hat[28]).

Guardini kritisiert in etwas pauschalen Kategorien Erscheinungsweisen der Neuzeit, wie den Abfall des Menschen vom Transzendent-Absoluten, die Autonomie, die Mechanisierung, Technisierung und Verplanung des Menschen, ohne auf die geistesgeschichtlichen Ursachen der Neuzeit einzugehen. Deshalb ist der scharfen Kritik Eugen Bisers zuzustimmen, daß Guardini nicht nach der geistesgeschichtlichen Herkunft der Neuzeit und insbesondere des in ihr zum autonomen Selbstbewußtsein erwachten Subjekts fragt. Bei seiner Zeitkritik bleibt das diagnostische Interesse bestimmend, das aus seiner pädagogisch-therapeutischen Grundposition hervorgeht. In seinen

---

27) Guardini, 1923, Anm. 2, 52.
Positiv am Mittelalter war für Guardini, daß in dieser Zeit der Mensch nicht autonom war, in einer sinnvollen Ordnung eingebunden war, das Transzendent-Absolute verherrlicht und angebetet hat, der Autorität gehorcht, den letzten Wahrheiten des Daseins Folge geleistet, den Glauben als etwas Positives ansah und bei Unrechtstaten ein schlechtes Gewissen hatte (vgl. Guardini, 1938c, 8).

28) Vgl. Guardini, 1953e, 37 f.

Worten wird mit prophetischer Gewalt ein Unheil beschworen, ohne daß sich die adäquate Prognose auf verifizierbare Gründe stützt[29]). Man schreckt nicht weniger unwillkürlich vor seiner pessimistischen, zum Ausstieg aus dem Zeitbewußtsein ratenden Kritik der Neuzeit zurück[30]).

Welches sind die Merkmale, die für Guardini die Neuzeit konstituieren? Dies sind Natur, Persönlichkeit-Subjekt und Kultur[31]). Bei der Neuzeitkritik wird nicht auf die Fragwürdigkeit des Terminus oder die vorgenommene Periodisierung eingegangen. Ob Guardini den Zeitpunkt richtig gewählt hat, oder ob er zu früh das Ende der Neuzeit[32]) ausgerufen hat, ist nicht das primäre Anliegen Guardinis, sondern ihm geht es um die Kritik einer Geisteshaltung, die typisch für eine Epoche geworden ist, und die sich fundamental von anderen geistesgeschichtlichen Epochen unterscheidet.

Vom christlichen Standpunkt aus widerspricht Guardini den Merkmalen der Neuzeit, da die Welt als Schöpfung existiert. Sie ist nicht notwendig; sie könnte auch nicht sein. Nach der Offenbarung ist die Welt nicht als Natur, Persönlichkeit-Subjekt und Kultur da, sondern als konkrete Wirklichkeit, die von der Freiheit des Transzendent-Absoluten abhängt.

Guardini definiert Natur als das, was ist, ohne daß der Mensch etwas daran getan hat. Natur ist ein Wertbegriff, weil sie nicht

---

29) Vgl. Biser, in: Seidel, 1985a, 220.

30) Vgl. ders., 1985b, 435.

31) Hier wird nicht ausführlich auf die inhaltliche Beschreibung der drei Elemente eingegangen, da dies bereits von Joseph Schmucker-von Koch in seiner Habilitationsschrift en détail getan worden ist. Es werden nur die zentralen Aussagen behandelt.

32) Von verschiedenster Seite wurde diese Problematik eingehend diskutiert. Vgl. dazu: Leist, 1953, 60; Curtius, 1948, 28 ff; Krüger, 1953, 75; Wechseler, 1973, 69; Wisser, 1967, 260 ff; Blumenberg, 1974, 260; Erdmann, 1951, 214 f.

nur das beinhaltet, was es bereits gibt, sondern auch das, was sein soll. Der Mensch steht ihr als Subjekt gegenüber.

Im neuzeitlichen Verständnis ist Natur etwas Normatives und Letztes, das alle Fragen beantwortet und Wertungen sanktioniert. Sie nimmt die Stellung einer Art Gott-Natur ein wie bei Giordano Bruno.

Der Mensch gehört im eigentlichen Sinne nicht zur Natur, da Natur ein Gattungsbegriff ist, d. h. der einzelne hat für sie keine Bedeutung. Wird der Mensch aber als Person, als individuell-einmaliges Wesen begriffen, entzieht er sich der Natur. Er ist nicht Produkt der Evolution, sondern Kreatio des Transzendent-Absoluten. Konkret bedeutet dies, daß sowohl Natur als auch Mensch nicht hätten sein müssen. Sie sind also kontingent.

Da der Mensch schon von Kindheit an zum Schaffen und zur Freiheit drängt, ist er von vornherein aus dem Naturzusammenhang herausgenommen. Zu seinem Wesen gehört der Ausbruch aus der Natur. Im Naturzustand gäbe es keine Begegnung mit der Welt. Die Welt erzeugt der Mensch, indem er sie bewohnbar macht; er kultiviert sie[33]).

Guardini versucht durch seine Kritik am Naturverständnis der Neuzeit, die Freiheit des Menschen zu retten, die im Transzendent-Absoluten wurzelt. Er versteht die Natur aus dem Horizont der Freiheit. Ohne sie könnte das Dasein nicht

---

33) Vgl. Guardini, 1962a, 14; o. V. 1937, 6f; ders., 1950, 50; ders., 1970, Anm. 1, 716; ders., 1955, 182; ders., 1956, 137; ders., 1977b, 175; ders., 1938b, 322.
Der Begriff Natur taucht im ausgehenden Mittelalter und dann später in der Renaissance auf und gewinnt immer größere Bedeutung. Natur wird in der Neuzeit eine Art Schlüsselwort neuzeitlicher Metaphysik oder eines neuzeitlichen Mythos. Natur bekommt religiösen Charakter, dies zeigt sich besonders in der aktuellen Diskussion, um die religiösen Probleme des modernen Menschen zu lösen, ihm bei der Suche nach dem Absoluten als Ersatz zu dienen. Seine Endlichkeit verlangt nach einer Erklärung, die er in der Natur sucht.

das sein, was es ist[34]). Indem Guardini versucht, die Freiheit des Menschen gegenüber der Natur zu retten, steht er in der Tradition Kants. Seit Kant und der »Kritik der praktischen Vernunft« ist die Gegenüberstellung von Natur und Freiheit ein Gemeinplatz für die moderne Philosophie. Gegenüber Guardini, der Natur und Freiheit als Gegensätze betrachtet, vertritt Jacques Maritain die These, daß die Welt der Freiheit notwendig die Welt der Natur voraussetzt, d. h. die Natur metaphysisch und vor allem als Natur eines mit Verstand und Willen begabten Wesens verstanden. Die Freiheit ist eine Sache der Vernunft, wohingegen der Wille in der Natur begründet und eine gewisse Natur ist. Weil er eine Natur ist, hat er eine notwendige Determination[35]).

Dem Naturbegriff der Neuzeit entspricht der Begriff der Persönlichkeit oder des Subjektes. Er gilt selbst als ein Stück Natur, eingebettet in diese, und ist ein unbezweifelbarer Wert. Dem Kult der Natur entspricht der Kult der Persönlichkeit, des Genies, des Humanen. Beide, Natur und Subjekt, stehen sich als letzte Tatsachen gegenüber. Das Dasein ist als Natur und Subjekt gegeben. Beide sind autonom. Indem der Mensch sich als Subjekt oder Persönlichkeit versteht, löst er sich vom Transzendent-Absoluten. Konkret heißt dies, daß das Subjekt sich die Gesetze selbst gibt, nach denen es die Natur ordnet.

Im Mittelalter ist der Mensch eingebunden in eine Ordnung, er weiß, daß er »Ebenbild Gottes« ist, wohingegen er sich in der Renaissance emanzipiert und seine Autonomie erlangt. Er wird

[34]) Vgl. Schmucker-von Koch, 1985, 94.

[35]) Vgl. Maritain, 1936b, 9 ff.
Nach Thomas von Aquin ist die Freiheit der Wahl nicht ein den Philosophen durch das sittliche Gewissen auferlegtes Irrationales; sie ist das Eigentümliche einer bestimmten Natur, eben der vernünftigen oder intellektuellen Natur. Die Wurzel der Freiheit ruht in der Vernunft (vgl. Thomas von Aquin, de Veritate, q24, a2).

zur schöpferischen Persönlichkeit. Diese schöpferische Persönlichkeit hat für Guardini etwas Schillerndes an sich. Obwohl sie aus sich Gesetze aufstellt, entzieht sie sich einer vollständigen Erkenntnis. Um diese Persönlichkeit erfassen zu können, sind die Elemente Freiheit, Bewußtsein und Innerlichkeit zu berücksichtigen[36]). Guardini versteht Persönlichkeit als ein historisches Phänomen, ein von einer bestimmten Epoche geschaffenes Normbild, d. h. der Mensch verhält sich äußeren Vorgängen gegenüber einer besonderen Art und Weise und beeinflußt sie dadurch. Das Bewußtsein einer Epoche formt den individuellen Habitus[37]). Damit ist das Persönlichkeitsideal von der Zeit abhängig, d. h. es verändert sich im Laufe der Zeit und kann sich zu dem der Person wandeln, was Guardini immer gefordert hat.

Zwischen der Natur und dem Subjekt, den beiden Polen des neuzeitlichen Weltverständnisses, entwickelt sich das dritte charakteristische Merkmal, die Kultur. Guardini versteht unter Kultur das, was der Mensch gestaltet und schafft, das, was er aus der vorhandenen Natur macht, die Taten, die er in der Geschichte vollbringt. Er formt sein unmittelbares Leben und Sein von den geistigen Werten her. Einerseits tritt der Mensch aus dem Naturzustand heraus und nimmt zum naturhaften Abstand; dies ist ihm möglich, weil der Mensch geistbegabt ist, andererseits

---

36) Vgl. Guardini, 1963b, 37.
Besonders in der Renaissance kommt das durch, was die große und geniale Persönlichkeit heißt. Der Einzelmensch wird zum Mittelpunkt des Handelns, und es entwickelt sich ein kritisches Bewußtsein. Jedem einzelnen kommt Würde zu. Es bildet sich die Vorstellung des genialen, göttlichen Menschen, was sich im Ideal der Bildung ausdrückte. Demgegenüber kannte das Mittelalter auch die Persönlichkeit, aber ihr Eigenbewußtsein war nicht so geschärft wie in der Renaissance. Der mittelalterliche Mensch sprengte nicht die Gemeinschaft, sondern war in sie eingefügt.

37) Vgl. Guardini, 1956b, 189.

bearbeitet er die Natur, er bewertet und betrachtet den Gegenstand[38]).

Das mittelalterliche Kulturschaffen war theozentrisch. Alles Handeln, Denken und Leben war auf das Transzendent-Absolute ausgerichtet und in seine Ordnung eingebettet. Es war »opus dei«, ein für das Transzendent-Absolute geschaffenes Werk.

Das neuzeitliche Kulturverständnis hat sich von den transzendenten Bindungen gelöst. Die einzelnen Kultursachbereiche begründen sich aus sich selbst, indem sie sich aus der umfassenden christlich-kirchlichen Bindung lösen. Damit tritt der Zerfall der mittelalterlichen Kultur ein. Die Kultur der Neuzeit bestimmt sich vom autonomen Subjekt her. Sie ist Menschenwerk, deshalb trägt sie die Züge des Menschen, sie ist Ausdruck seines Daseins und Bewußtseins. Gegenüber anderen Kulturepochen zeichnet sich die neuzeitliche dadurch aus, daß sie eine metaphysische Interpretation des menschlichen Wertes erfährt, der dem neuzeitlichen Kulturverständnis innewohnt. Die heutige Kultur hat die Stelle der Religion eingenommen. Aus der Religion erwuchsen in früheren Epochen alle Kultursachbereiche; heute dagegen kommen alle Leistungen, einschließlich der Religion, aus der Kultur, d. h. die Kultur selbst hat religiösen Charakter angenommen.

Die Hoffnung der Neuzeit hat sich nicht erfüllt, daß mit der Kontrolle über die Natur und durch den wissenschaftlich-technischen Fortschritt ein innerweltliches Glück erreicht werden könnte. Das Gegenteil ist eingetreten. Natur und Kultursachbereiche wenden sich gegen den Menschen bzw. geraten ihm außer Kontrolle. Dieser Fall tritt ein, wenn die Kultur ihre »Seele« verliert. Dies geschieht, »sobald Teilbereiche des menschlichen Wirkens den Zusammenhang mit dessen Gesamt-

---

38) Vgl. Guardini, 1956b, 36; ders., 1962a, 14ff; ders., 1966c, 121; ders., 1958b, 19f.

heit verlieren, nicht mehr davon durchformt und gehalten sind. Die Folge ist, daß solche Bereiche, nicht mehr vom Ganzen durchlichtet, undurchsichtig und unbegriffen betrieben werden, was zu ihrer übersteigerten Entwicklung auf Kosten des Ganzen führt. Dabei gerät man oft in Strukturen hinein, die nicht nur dem Ganzen, sondern sogar dem Teilbereich selbst zuwiderlaufen, was man an manchen Erscheinungen unserer Zeit ablesen kann; so richtet etwa ein überspannter Leistungssport den gesunden Sport zugrunde. Die Zivilisation geht vor allem dann in die Irre, wenn die überentwickelten Teilbereiche von peripherer Art sind. Hierbei verschieben sich die Proportionen schließlich vom Menschlichen ins Unmenschliche, wodurch die Zivilisation zum Feind der Kultur wird, die ja gerade das ausgesprochen Menschliche ist und deren ganzer Sinn sich darin erfüllt, den Menschen in seiner Menschlichkeit fortschreitend zu vollenden«[39]).

Ebenso kritisiert Guardini die Spezialisierung, Rationalisierung und Enthumanisierung der Kultur, die ihren Grund in der falschen Zielsetzung haben, nämlich dem rein Innerweltlichen. Ähnliche Kritik äußert Jacques Maritain. Die moderne Kultur hat »theozentrisch« und »humanistisch« in einem zu sein. Den ersten Aspekt erreicht man dadurch, daß man die Ziele umkehrt. Statt daß die Kultur ihr Ziel auf das Ewige ausrichtet, sucht sie das letzte Ziel in sich selbst, und dieses Ziel ist die Herrschaft des Menschen über die Materie. Der zweite Aspekt ist ein »demiurgischer Imperialismus« in bezug auf die Kräfte der Materie. Statt die Bedingungen der Natur anzuerkennen, um sie auf eine Weise zu beherrschen, die selbst der Natur entspricht und im Menschen die ihm wesensmäßigen Fähigkeiten entwickelt und vor allem auf die innere Vervollkommnung abzielt, nimmt sich die Kultur vor, die Bedingungen der Natur zu ändern, um durch einen technischen Prozeß über sie zu herrschen; sie versucht, mit

---

[39]) Lotz, 1979, 20.

der physikalisch-mathematischen Wissenschaft, eine Glückseligkeit durch materiellen Überfluß zu schaffen. Der dritte Aspekt liegt in der fortschreitenden Verdrängung des Menschlichen durch die Materie. Der Mensch muß sich immer stärker den materiellen Ordnungen unterwerfen, die er hervorruft und die die Welt des Menschen überwuchern. In dieser Atmosphäre stirbt das Transzendent-Absolute. Denn der neuzeitliche Mensch glaubt nur dann Mensch sein zu können, wenn das Transzendent-Absolute nicht mehr das Transzendent-Absolute ist[40]).

Diese Aspekte hat Guardini an der neuzeitlichen Entwicklung kritisiert. Die Lebensbereiche des Menschen werden durch diese Entwicklung unmenschlicher. Man versucht durch künstliche Mittel, die auftretenden Übelstände zu steuern, die die Vergötzung der Technik hervorbringt. Es werden immer neue Techniken erfunden, durch die der anthropozentrische Humanismus sich vergeblich bemüht, dem verhängnisvoll in seinen eigenen Prinzipien begründeten Streben, die Freiheit durch Technik zu suchen, entgegenzuwirken. Was gefordert ist, ist eine asketische Moral, die Opfer verlangt. Dies fordert auch Guardini. Die Neuzeit dagegen predigt eine anti-asketische Moral, die die menschlichen Wünsche mit möglichst geringen Unannehmlichkeiten erfüllen will.

Guardinis Neuzeitauffassung wird von den verschiedensten Seiten kritisiert. Unter anderem wird ihm vorgeworfen, er habe sich zu wenig mit den neuzeitlichen Strömungen der 60er Jahre – Guardini ist 1968 gestorben – und der marxistischen Gesellschaftsanalyse und -kritik auseinandergesetzt. Explizit ist dies in der Tat nicht geschehen, aber implizit ist es bereits durch die Kritik des Autonomieprinzips erfolgt. Ebenso hat Guardini die Grundlagen der wissenschaftlich-technischen Rationalität kriti-

40) Vgl. Maritain, 1936b, 68.

siert und damit wichtige Einsichten vorweggenommen, die der Positivismusstreit in der Soziologie der 60er Jahre zutage gefördert hat.

Auch der Vorwurf, er habe das Mittelalter zu sehr idealisiert und die Neuzeit in ihrer Komplexität vereinfacht, trifft in dieser Form nicht zu. Guardini selbst hat sich immer dagegen ausgesprochen, Werte aus anderen Epochen als Leitwerte für eine anders geartete Epoche zu nehmen, da dies zu Verzerrungen und falschen Einschätzungen führt. Der Vorwurf, er habe die Komplexität der Neuzeit unterschätzt, trifft nur insofern zu, als er ausschließlich geisteswissenschaftlich vorgegangen ist und politische, wirtschaftliche und kulturelle Aspekte zu wenig berücksichtigt hat. Politisch ist er insoweit, als sein moralisch-ethischer Anspruch den Menschen personal und sozial meint.

Guardinis Kritik der Neuzeit beruht zutiefst auf einem Abrücken von der übersteigerten Selbsteinschätzung des Ich, auf einer Kritik der Selbstsetzung[41]). Deshalb haben wichtige Werte wie Verantwortung, Würde, Freiheit und Askese eine Pervertierung erfahren. Alle anderen Kritikpunkte sind von der Autonomie abgeleitet. Der Vorwurf der Hybris ist deshalb schwerwiegend. Er ist nicht nur moralisch-politischer Natur, sondern ist letztendlich Ausdruck einer ontologischen oder metaphysischen Auflehnung[42]).

Gegenüber Guardinis »Ende der Neuzeit« vertritt Gerhard Krüger die These, daß die Neuzeit jetzt erst verwirklicht wird, unbelastet von Tradition und Romantik. Was Guardini als nachneuzeitliche Epoche deklariert, ist nur die Vollendungsperiode der Neuzeit. Daß die humane Persönlichkeit dem nicht-humanen Massenmenschen weicht und der Mensch autonom ist, kann nicht als entscheidendes Kriterium einer so tiefen Epochenscheidung angesehen werden. Daß der Mensch den »Es-Mächten«

41) Vgl. Gerl, 1985, 146 f.

42) Vgl. Schlette, in: Gerl, 1981, 64.

verfällt, ist gleichbedeutend mit dem Herabsinken des Menschen zum Objekt. Auch hier stellt sich die Frage, ob es dies nicht schon lange gibt. Die fragwürdige Größe des neuzeitlichen Menschen liegt darin, daß er die anderen Menschen für seine Werke dienstbar macht[43]).

Wenn man, wie Guardini es tut, die Probleme der Neuzeit vom Standpunkt eines christlich-kirchlichen Gläubigen sieht, dann ist seine einseitig-geistige Betrachtungsweise keine Überraschung. Dies liegt daran, daß er vom Standpunkt christlicher Weltanschauung die Welt im Lichte der Offenbarung interpretiert. Deshalb ist Guardini der konservativen Kulturkritik zuzurechnen, die sich durch die Vernachlässigung der materiellen Seite selbst ins Abseits manövriert hat. In Guardinis kulturkritischen Aussagen bleibt gerade das unentwickelt, was mit der gesellschaftlichen Vermittlung menschlichen Handelns und Seins zu tun hat. Von hier aus ist es auch verständlich, warum seine Analyse der neuzeitlichen Phänomene so schwer faßbar ist[44]).

---

43) Vgl. Krüger, 1953, 86 f.

44) Vgl. Lutz, in: Gerl, 1981, 99.

3 Die Neuzeit und der Mythos des Fortschritts

Ein Hauptaugenmerk Guardinischer Neuzeitkritik gilt dem Fortschrittsdenken und dem damit zusammenhängenden Problem der Technik, der Masse und der Macht.

Fortschritt an sich ist kein typisch neuzeitliches Phänomen. Schon das Altertum kannte die Problematik des Fortschritts – natürlich nicht in dem naiven Sinne des 18. Jahrhunderts –, sondern im positiven wie negativen Sinne. Fortschritt wurde nicht als eine Bewegung auf einen zukünftigen besseren Zustand hin verstanden, sondern als ein Wachsen von geistiger und sittlicher Vervollkommnung des Menschen.

Die ersten Ansätze der Fortschrittsdiskussion liefert die philosophische Kritik des Mythos vom göttlichen Ursprung der menschlichen Künste mit der Behauptung, daß es mit der Zeit und dem Suchen und Finden des Menschen weitergeht und besser wird, wie dies Xenophanes nannte. Überlegenheit der Gegenwart gegenüber der Primitivität der Anfänge einer wachsenden Rationalität des philosophischen Denkens, der Unabgeschlossenheit der Zukunft und des menschlichen Forschens gehen auf Protagoras und Demokrit zurück. Daß sich im Altertum das Fortschrittsdenken nicht durchsetzen konnte, liegt daran, daß sich der wissenschaftlich-technische Fortschritt unabhängig von der philosophischen Theoriebildung vollzogen hat.

Demgegenüber stellt die neuzeitliche Fortschrittsidee in ihrer politisch-kulturellen Wirksamkeit etwas völlig Neues dar. Sie wird zum dominierenden Element des Selbstverständnisses der Moderne. Durch die Symbiose mit dem Rationalismus und der Aufklärung erreicht der Fortschritt seinen Höhepunkt im 19. Jahrhundert. Der Erfolg des Fortschritts in der Naturwissenschaft und Technik beruht darauf, daß die Subjektivität zum

Nachteil der Objektivität ausgeschaltet wird und so eine umfassende Apparatur wissenschaftlichen Forschens und technischen Produzierens institutionalisiert werden kann[45]).

Das Bewußtsein des allgemeinen Fortschritts erreichte seinen Höhepunkt im 18. und 19. Jahrhundert. Der Weg, der früher zu Weltende und Gericht führte, schien jetzt auf die Vollendung der menschlichen Zivilisation zuzugehen. Diesem Optimismus trat Jean-Jacques Rousseau entgegen, als er 1749 auf die Frage, welchen Beitrag Künste und Wissenschaften zur Verbesserung der Sitten geleistet hätten, antwortet, daß sie sie verdorben hätten. Damit begann die Kritik am Fortschritt, die sich bis in die heutige Zeit fortgesetzt hat, und augenblicklich auf einen Höhepunkt zusteuert, da sich die Menschheit auf einem Apex ihrer Entwicklung befindet, und sich die Anzeichen des Anbruchs einer neuen Epoche vermehren. Die Fortschrittskritik ist eine Kritik am Mythos des Fortschritts, da dieser einem Prozeß Sinn zu geben versucht, indem er behauptet, daß er mit Sicherheit auf das Bessere abziele. Je länger und intensiver dieser Fortschritt ist, desto reicher, freier und menschenwürdiger werde das menschliche Dasein. Dieser Glaube impliziert die Haltung, daß im Tun des Menschen eine selbst funktionierende Ordnung herrsche. Heute bildet der Fortschrittsglaube mit seinem falschen Optimismus das größte Hindernis, einen qualitativen Fortschritt in der beginnenden technischen Kultur zu tun. Die Rationalität des Fortschritts schlägt durch die Schaffung von künstlichen Bedürfnissen und deren Befriedigung in Irrationalität um. Damit werden neue Zwänge geschaffen und alte konserviert.

---

45) Vgl. zum historischen Überblick: König, in: Klose, 1980, 743–749; Ritter, in: Ritter, 1972, 1032–1059; Oeing-Hanhoff, in: Krings, 1973, 473–484.

3.1 Der neuzeitliche Fortschrittsglaube

Im allgemeinen wird unter Fortschritt eine kontinuierliche Entwicklung auf ein Besseres hin vestanden. Daneben glaubt der Mensch, daß sich durch richtige Erziehung alles zum Besseren wenden läßt. Diese Vorstellung ist ebenso fragwürdig wie die Annahme von einem stetigen Fortschritt: sie hat sich aber mit der Französischen Revolution endgültig durchgesetzt. Für sie ist das Dasein des Menschen im Grunde gut, diese Meinung vertrat Rousseau. Dieses Gute gelte es zu aktivieren, wodurch dann alles von selbst gut würde. Der Fortschritt auf das immer Bessere gilt nicht nur als möglich, sondern wird als Notwendigkeit gefordert. Aus ihm heraus entsteht der Sinn der Geschichte. Der Sinn der Menschheit ist im Grunde ein beständiger, allgemeiner, durch innere Notwendigkeit getriebener Fortschritt auf das immer Bessere. Am Ende erreicht die Menschheit den Zustand eines vollkommenen Daseins. Die These von einem heiligen Kern der menschlichen Existenz und die Möglichkeit, durch Fortschritt zu einem immer Besseren bis zu einem endgültigen Zustand zu gelangen, ist keine wissenschaftliche Erkenntnis, sondern ein religiöser Glaubenssatz. Dieses Postulat hat zwar schon die ganze Welt erobert, wodurch es aber nicht wahrer wird. Es ist vielmehr ein Anzeichen dafür, in welcher abergläubischen Haltung sich das Bewußtsein des neuzeitlichen Menschen befindet. Vom Standpunkt eines christlichen Geschichtsverständnisses, nach dem das Transzendent-Absolute selbst »verantwortlich« in die Geschichte eintritt und Schicksal erfährt, ist das materialistische und idealistische Geschichtsverständnis abzulehnen, das Geschichte als einen autonomen Prozeß der »Entwicklung« und des »Fortschritts« begreift.

Romano Guardini bezweifelt, daß das menschliche Dasein sich in einem ewigen Fortschritt befindet, da jeder Zugewinn mit einem Verlust bezahlt werden muß. Für ihn ist der Mensch durch keinen Fortschritt gesichert[46]), sondern hat sich ständig zwischen Gut und Böse zu entscheiden.

Diese Entscheidungen sind bisher transepochal gewesen. Deshalb glaubt Guardini nicht, daß das Verhältnis zwischen den Menschen immer besser und sinnvoller wird, sondern hält diese Aussage für Ideologie. Der neuzeitliche Mensch versucht, die Werte, die ihm entgleiten, durch die Illusion einer vollkommenen Zukunft zu ersetzen, der er sich beständig annähert. Dieser »Mythos« wird zu einem Zwang. Der Zwang kommt darin zum Ausdruck, daß alles, was technisch machbar ist, auch sittlich erlaubt ist; ja man sei zu seiner Durchführung verpflichtet, weil es dem Fortschritt dient. Dieser Haltung liegt der Irrtum zugrunde, daß mit zunehmender Herrschaft des Menschen über die Natur und den daraus resultierenden technischen Leistungen, der Wert des Daseins steige[47]).

Ein solcher Fortschrittsbegriff, der sich auf ein bestimmtes Ziel hinbewegt und durch die Erreichnung des Zieles die Lage des Menschen verbessern soll, ist nicht wertneutral. Guardini hat auch die Nachteile des Fortschritts gesehen, aber nicht deutlich genug erkannt, daß durch die Steigerung der Produktivität die Freiheit des Menschen bedroht ist, weil sie dazu benutzt wird, gegen den inneren und äußeren Feind vorzugehen. Gesellschaftlicher Wandel wird dadurch verhindert. »Es ist Zeit, höchste Zeit, das ebenso banale wie gefährliche Dogma von der Sicherheit der ›Entwicklung‹ des Fortschritts zu durchbrechen. Die Wirklichkeit ist anders. Und der Mensch fühlt das. Nicht umsonst hat das Wort vom Nichts eine so gespenstische Macht

---

46) Hier besteht eine enge Verbindung zu Ortega y Gasset. Er hält ebenso den Fortschritt für nicht gesichert. »Die Tatsachen sprechen dafür, daß jeder Fortschritt unsicher, jede Entwicklung vom Stillstand und Rückschlag bedroht ist« (Gasset, 1974, 56).

47) Vgl. Guardini, 1955e, 10; ders., 1963, 193 f; ders., 1966, 31, 68 f; ders., 1955d, 262; ders., 1956b, 263; ders., 1977b, 433.

gewonnen. Nicht umsonst wird überall vom Dämonischen geredet«[48]).

Trotz seiner kritischen Einstellung zum Fortschrittspostulat erkennt Guardini die Errungenschaften, die durch Technik und Wissenschaft geschaffen worden sind, an. Er warnt aber vor der menschlichen Hybris. Von diesem Vorwurf her ist es schwer, die Neuzeit und ihre Konsequenzen anthropologisch, politisch und religionsphilosophisch angemessen zu interpretieren[49].

Für Guardini herrscht unter der Oberfläche des Fortschritts eine tiefe geistig-moralische Verwirrung. Wie kann der Mensch aus dieser Situation befreit werden oder sich selbst befreien? Hat es überhaupt einen Sinn, vom Fortschritt zu reden? Primär hat der Mensch sich nach Guardini für die Wahrheit zu öffnen und die »Lüge des Fortschrittsglaubens« zu durchschauen. Dem oberflächlichen Optimismus ist eine Absage zu erteilen, der immer nur das Gelingen und nie die Fehlschläge berücksichtigt. Es gilt zu erkennen, was der Mensch für sein Fortschrittswerk an geistigen Werten opfern muß. Zudem hat der Mensch sich für das Rechte einzusetzen, weil es nicht um Fortschritt geht, sondern um Wahrheit und Treue. Als drittes Element hat die Sühne hinzuzukommen, für das, was aus menschlicher Überheblichkeit entstanden ist. Wie kann die metaphysisch-religiöse Bedeutung des Fortschrittsmythos gebrochen werden? Dazu bedarf es nach Guardini einer sittlich-geistigen Haltung und keiner reaktionär-romantischen, die Wissen und Technik ablehnt und wieder in einen Naturzustand zurückstrebt. »Zwar fügt sich ein distanzlos repetierter Guardini fast lückenlos in das Konzept der zeitkritisch-restaurativen Strömung«, wie Eugen Biser feststellt[50]), aber Guardini hat bei aller berechtigten Kritik am Fortschritt nie seine realistische Position verlassen. Roman-

---

48) Guardini, 1966, 22.
49) Vgl. Schlette, in: Gerl, 1981, 64.
50) Biser, 1985b, 442.

tisch-idealistische Bewegungen, wie sie sich heute herausbilden und zunehmend Anhänger finden, lehnte er ab. Er forderte eine Haltung, die sich weigert, technische Neuerungen und andere Funktionen und Techniken der Machtausübung zu realisieren, wenn diese elementare Werte der Natur und des Menschen, der Ehrfurcht gegen die Person und der Vergangenheit zerstören. Er war sich darüber im klaren, daß derjenige, der sich diesem Trend widersetzt, zum »Feind der Götter und Menschen« wird. Dennoch bedarf es solcher Einstellungen, um die neuen Ideale zu stürzen oder einer Diktatur Einhalt zu bieten. Dazu ist eine Askese notwendig, die bereit ist, auf technische Errungenschaften zu verzichten, damit höhere Werte erhalten bleiben[51]).

Guardini teilt seine Kritik am Fortschrittsmythos mit der Kritik der »Frankfurter Schule«. Insbesondere Theodor W. Adorno kritisiert in »Negative Dialektik« die Objektfunktion des Menschen. Der Mensch, der sich anhand technologischer Errungenschaften von der Natur befreien wollte, ist zum Objekt seiner Herrschaft geworden. Diese Befreiung von Herrschaft endet in der Versklavung des Subjektes. Der Mensch als Subjekt der Freiheit ist zum Objekt der Naturbeherrschung geworden. Der Fortschritt ist in sein Gegenteil umgeschlagen[52]). Diese Kritik am Fortschritt und an der Objektrolle des Menschen findet in der heutigen Zeit ihre Bestätigung. In vielen Bereichen der Politik und Wirtschaft kann der Mensch nicht mehr anders entscheiden als die Sachzwänge ihm dies vorgeben. Die Verzahnung der verschiedenen Kultursachbereiche macht es dem Menschen schwer, von seiner Entscheidungsfreiheit Gebrauch zu machen, obwohl ihm trotz aller Determinismen die Freiheit der Wahl bleibt. Diese hat natürlich dann ihren Preis.

---

[51]) Vgl. Guardini, 1955, 26; ders., 1961b, 105 f; ders., 1956b, 263; ders., 1966, 199 f.

[52]) Vgl. Adorno, 1970.

Die Protagonisten des Fortschritts stoßen heute überall dort an ihre Grenzen, wo sie die Expansionsmöglichkeiten auf der Erde erreichen. Um den Fortschrittsmythos aber am Leben zu erhalten, hat man sich den Weltraum als neues Experimentierfeld erschlossen. Innerweltlich jedoch stößt der Mensch an die Grenzen der Rohstoffe, der Energie und des Wirtschaftswachstums. Durch den materiellen Fortschritt haben sich die menschlichen Probleme nicht lösen lassen. Elend, Unrecht, Unterdrükkung, Ausbeutung, Leid und Kriege bleiben die täglichen Begleiter der menschlichen Existenz. Dazu hat der technische Fortschritt Probleme neuen Ausmaßes gebracht. Auf der Erde herrschen weltweit Spannungen, der Ost-West-Konflikt stellt sich als Schnittpunkt zwischen freiheitlicher und totalitärer Entwicklung dar, der Nord-Süd-Konflikt stellt eine permanente Herausforderung an das sittliche Gewissen des einzelnen dar, ebenso die Probleme des Bevölkerungswachstums und der ausreichenden Ernährung, sowie die entwürdigende Armut eines großen Teiles der Weltbevölkerung. Der größte Teil der Experten sieht die Lösung dieser Probleme im quantitativen Bereich. Für sie stellen sie sich als Probleme der Produktion und des Konsums sowie des Wirtschaftswachstums dar. Durch die Erfahrung der Begrenztheit und Unzulänglichkeit des Menschen ist es zu einer Krise seiner selbst gekommen. Auf dem Hintergrund dieser Krise ist die Frage nach einem sinnvollen Fortschritt notwendig. Ist es nicht auch zu dieser Situation gekommen, weil die qualitative Komponente zu sehr vernachlässigt worden ist? Ist die menschliche Realität rein quantitativ perzipiert worden? Sinnverlust und geistig-moralische Krise des Menschen und der Gesellschaft lassen eine solche Frage als möglich erscheinen. Eine große Anzahl gesellschaftlicher Probleme hat ihre Ursache im geistigen Bereich. Da dieser jedoch im neuzeitlichen Verständnis nicht quantifizier- und meßbar ist, ergo nicht existiert, wird er nicht zur Kenntnis genommen. Auch Guardini sah das Fortschrittsproblem als ein qualitatives an; hier hatte die Lösung anzusetzen. Wie Guardini, so kritisiert auch Jacques Maritain die einseitige Ausrichtung des Fortschritts auf den materiellen Bereich; auch er sprach wie Guardini von einem Ende der Epoche[53]). Er trat für eine stärker an kontemplativen Werten ausgerichtete Entwicklung ein, weil in der modernen Welt ein materieller Fortschritt vorherrsche, der auf der höchstmöglichen irdischen Ausbeutung der menschlichen Natur beruht. Die anthropozentrisch ausgerichtete Entwicklung ist abzulehnen, weil sie der christlichen Auffassung von Kulturentwicklung als einer beschaulichen und humanistischen widerspricht[54]). Deshalb ist ein innerweltlich-chiliastisches Fortschrittsverständnis, das sich während der letzten zweihundert Jahre ausgebreitet hat und die seelische Haltung der Menschheit beeinflußt, abzulehnen; dafür spricht sich auch Guardini aus. Er plädiert für einen realistischen Fortschrittsbegriff, der auf die Vervollkommnung einzelner Bereiche abzielt. Ein Bereich, wo sich dies erreichen ließe, war für ihn der personale. Der als Person verstandene Mensch, der sich wesensmäßig selber gehört, bedeutet eine Absage an den partiellen Fortschritt wissenschaftlich-technischer Provenienz. Eine solche Festlegung ist der Versuch, die Emanzipation des Menschen durch ein Selbstverständnis als Person gegen alle Entpersönlichungsmechanismen voranzutreiben[55]).

Trotz der Kritik am Fortschritt und seinen negativen Auswirkungen darf man aber die Erfolge nicht übersehen, die in den letzten 200 Jahren im Bereich der Wissenschaft und Technik errungen worden sind. Es geht nicht um das Ende des Fortschritts, sondern um einen ethisch verantworteten Fortschritt, der seine Maßstäbe nicht mehr aus der neuzeitlich-aufkläreri-

---

[53]) Vgl. Maritain, 1949, 22.
[54]) Vgl. ders., 1936a, 41 ff.
[55]) Vgl. Mahr, 1976, 46.

schen Vernunft ohne sittliche Bindung bezieht, sondern der die »Gottebenbildlichkeit« des Menschen zur Grundlage seines Handeln erhebt. Dies bedeutet, daß sich der Mensch nicht an die Stelle des Transzendent-Absoluten setzen darf, wie dies durch die Autonomsetzung des Individuums bisher geschieht. Die Grenze des Fortschritts liegt dort, wo gegen Menschenwürde und -rechte verstoßen wird. Konkret heißt dies, daß jeder ungeborene Mensch das Recht auf körperliche Unversehrtheit hat. Dieses Recht ist der technischen Veränderung oder individuellen Selbstbestimmung vorzuziehen. Die Fortschrittskritik hat sich insbesondere an der technischen Entwicklung manifestiert, die in heutiger Zeit von starken gesellschaftlichen Kräften vertreten wird. Die Technikkritik ist deshalb implizit auch eine Kritik der modernen Industriegesellschaft, die sich als eine Massengesellschaft darstellt.

3.2 Technik und Masse als neuzeitliche Phänomene

Allgemein bedeutet Technik das schöpferische Hervorbringen von Erzeugnissen, Vorrichtungen und Verfahren unter Berücksichtigung der Stoffe und der Kräfte der Natur. Technik hat die Naturgesetze zur Grundlage. Mit Francis Bacon begann der Wille zur Technik[56]). Das Phänomen der Technik ist so alt wie die Menschheit. Schon immer hat der Mensch sein Leben durch Herstellung von Geräten angenehmer gestaltet. Mensch, Technik und Natur standen sich nicht immer antagonistisch gegenüber. Dies scheint erst in neuester Zeit zu geschehen, wo sich ein Gegensatz zwischen Technik einerseits und Mensch/Natur

---

56) Der Satz, der diesen Willen ausdrückt, steht in Bacons »novum organum scientiarum« und lautet: »Tantum possumus, quantum scimus.« Wissen ist Macht; je mehr Wissen, um so mehr Können.

andererseits bildet. Die These von der Unendlichkeit und Unerschöpflichkeit der Natur hat sich als Mythos erwiesen. Aber erst in jüngster Zeit wird dieser These aufs heftigste widersprochen[57]). Der Sinn der Technik liegt darin, daß sie dem Menschen sein Dasein erleichtert, damit er Zeit für Muße und Kontemplation hat. Die Technik soll den Menschen gegenüber der Natur befreien. Der Mensch wird vor eine neue Wirklichkeit gestellt, die nicht mehr Resultat der Evolution ist, sondern das Ergebnis der schöpferischen Tätigkeit des Menschen. Darin besteht der Sinn der technischen Epoche. Die Herrschaft der Technik und der Maschine ist ein Übergang vom organischen Leben zur organisierten Existenz.

Romano Guardini ist bei der Betrachtung der modernen Welt von der Sorge umgetrieben, was bei der schnellen Entwicklung der Technik und dem damit zusammenhängenden Phänomen der Masse, mit dem einzelnen Menschen geschehen wird. Beide, Technik und Masse, bedingen sich gegenseitig und setzen sich wechselseitig voraus. Der Mensch der Technik konnte nicht mehr die Persönlichkeit sein, sondern ist der genormte Mensch, auf den die technischen Errungenschaften fraglos angewendet werden können. Dieses Wesen stellt sich als Mensch der Masse dar.

Erste Zweifel an der Entwicklung der Gesellschaft kommen Guardini in den 20er Jahren, und er fürchtet, daß die von ihm mit großer Sorge konstatierte Verfremdung der menschlichen Umwelt durch eine rapide sich ausbreitende, alle menschlichen Bereiche transformierende Technisierung zur Zerstörung des Geistigen im Menschen führen kann. Die Fragen nach den menschlichen Beziehungen, der gesellschaftlichen Struktur, der kulturellen Arbeit des Staates werden immer schwieriger zu beantworten, je stärker die Technisierung des staatlichen Lebens fortschreitet. Bei dieser Behauptung scheint Guardini von der

---

[57]) Vgl. Schulten, in: Ockenfels, 1985, 9ff.

These ausgegangen zu sein, daß die Technik wesensnotwendig den Verfall der Religion und der menschlichen Beziehungen herbeiführt. Dieser These folgend, erreichen die Spannungen ihren Höhepunkt im Gegeneinander von gottloser Technik und weltloser Religion.

In der sich verstärkenden Rationalisierung und Technisierung der menschlichen Wirklichkeit sieht Guardini die Gefahr, daß das Dasein des Menschen kalt und ohne Geheimnisse sein wird. Dieses Faktum wird die Entzauberung der Welt genannt. Je intensiver sich die Tatsache im Bewußtsein des Menschen festsetzt, daß die Existenz mit technisch-rationalen Mitteln gesichert werden kann, desto mehr reduziert sich die Lebenswelt auf das machbare Element. Diese Haltung drängt das Religiöse ins Innere und macht es zur subjektiven Empfindung[58]). Die Schematisierung des Individuums zum Massenmenschen wird durch die Mechanisierung des Lebens verstärkt. Für das Ausleben persönlicher Gefühle und Erlebnisse bleibt kein Raum. Diese »Masse« ist für Guardini eine Vielzahl gefühlsarmer und daher zum anderen Menschen wie zu den Dingen kontaktloser Individuen[59]). Das Gefährliche an dieser Situation ist, daß die Technik die Menschen nicht nur leiblich, sondern auch geistig besitzt. Der Mensch ist von einem »technischen Schleier« umgeben, wie es Max Horkheimer nennt. Die Technik hat in der Gesellschaft eine Stellung gewonnen, die zu den Bedürfnissen der Menschen

---

58) Die Zurückdrängung des Religiösen ins Subjektive widerspricht der natürlichen Anlage des Menschen auf Ganzheit. Die Technik der Neuzeit ist aus dieser Ganzheit herausgefallen. Sie hat sich selbständig gemacht und überwuchert den Menschen, indem sie ihn ihrer Eigengesetzlichkeit unterwirft und seine übrigen Seiten dementsprechend umbildet. Da Religion ebenso zur menschlichen Ganzheit gehört, diese aber im Schwinden ist, ist auch die Ganzheit des Menschen im Schwinden. Somit kann sie die alles vergewaltigende Technik nicht mehr integrieren. Demzufolge ist nur die gottlose Technik menschenfeindlich und gefährlich.

59) Vgl. Guardini, 1982, 42; ders., 1962a, 79.

in einem gebrochenen Verhältnis steht. Die Menschen werden so von diesem Prozeß umklammert und geformt, daß es schwer fällt, den technischen Fortschritt nicht von der Zivilisation, wohl von der Verdummung zu trennen. Dagegen hilft keine Rückkehr zur Kultur, sondern die Technik ist menschlichen Zielen dienstbar zu machen[60]).

Diesen Umklammerungs- und Beeinflussungsprozeß durch die technische Gesellschaft sah auch Guardini, da sie das »konstruierende und konsumierende Individuum« hervorbringt, dessen Leben immer einförmiger und seichter wird. Der Einfluß der technischen Errungenschaften bewirkt einerseits eine Entfremdung des Menschen von seinen natürlichen Lebensbedingungen, andererseits erleichtert er dem Menschen sein Dasein und gibt ihm Freiräume, um über sich nachzudenken. Die technischen Geräte gehorchen zwar dem Willen des Menschen und verwirklichen die von ihm intendierten Zwecke, werden dabei aber autonom und zwingen dem Menschen ihre Gesetze auf. Das Natürliche und Handwerkliche verschwindet. Der Mensch wird durch sich selbst beherrscht, indem er sich einordnet bzw. eingeordnet wird. Durch die fortschreitende Technisierung klaffen zusehends Erkenntnis-, Wirk- und Lebenswelt auseinander. Es entsteht eine künstliche Welt, die beständig neu vom Menschen hervorgebracht und funktionstüchtig gehalten werden muß. Ein Element der Beliebigkeit bildet sich. Ein vorher für utopisch gehaltenes Element bestimmt immer stärker das Bewußtsein des realistisch lebenden Menschen. Der Mensch glaubt, er könne seine Zwecke nach Belieben selbst bestimmen und sei imstande, die zur Verwirklichung benötigten Mittel dafür bereitzustellen. Damit einhergehend, macht sich ein Verlust des Empfindungs- und Herzenslebens bemerkbar. Der Mensch isoliert sich. Diese Isolierung bildet das Kennzeichen

---

[60]) Vgl. Horckheimer, 1954, 79.

der »Masse«, in der der einzelne einsam bleibt[61]), weil sie keine Gemeinschaft ist.

Eine ähnliche Kritik wie Guardini übt Karl Jaspers an der technischen Welt. Obgleich die Technik die Daseinsgestaltung des Menschen sehr erleichtert und zu einer Erweiterung seiner realen Anschauung und seines Weltbewußtseins geführt hat, darf man die Begrenzung und die Nachteile der Technik nicht unterschätzen. Die Technik beschränkt sich nur auf das Leblose. Was sie hervorbringt, hat universellen Charakter, keinen individuellen. Technik zielt auf Typen und Massenproduktion. Dadurch wird sie übertragbar und verfügbar für andere Völker. Sie ist nicht gebunden an kulturelle Voraussetzungen. Daher ist sie etwas Ausdrucksloses, Unpersönliches und Unmenschliches[62]). Die Technik schafft keine vollkommene Welt, sondern mit jeder technischen Neuerung entstehen auch neue Schwierigkeiten. Daß der Mensch nicht in eine planvolle Daseinsordnung eingehen kann, liegt daran, daß die Ordnung der Gesellschaft selbst in Gegensätze[63]) gespalten ist. Die sich daraus bildenden Organisationen ruinieren das, was sie erhalten möchten, nämlich den Menschen als Menschen[64]). Somit geht jedes Ding mit seinem Gegenteil schwanger. Fortschritt produziert nicht länger Fortschritt, sondern Rückschritt. Wissenschaft schafft neue Mythen, abstrakte Rationalität neue Formen des Irrationalismus, Technik nicht nur Lebenserleichterungen, sondern neue Herrschaftsmechanismen.

Wie Guardini, so konstatiert auch Jaspers, daß die Technik die Natur zu zerstören droht und das Dasein unnatürlich gestaltet. Der Mensch wird zum Mittel. Andererseits kann die Technik

---

61) Vgl. Guardini, 1982, 38; ders., 1965a, 49 ff; ders., 1958b, 28 f.

62) Vgl. Jaspers, 1983, 154 f.

63) Diese Art von Gegensätze haben nichts mit Guardinis Gegensatzlehre zu tun. Jaspers sieht in der Gesellschaft antagonistische Kräfte am Werk, die eine organische Entwicklung verhindern.

64) Vgl. Jaspers, 1979, 64

aber auch die Voraussetzung für einen intensiveren Zugang zur Natur und zur Erschließung der Welt bringen. Wie Guardini, so plädiert Jaspers für eine Fortsetzung der Technisierung und warnt vor einer Rückgängigmachung, da dadurch das Dasein unnötig erschwert würde. Eine Verabsolutierung der Technik darf es aber nicht geben, da sie das Selbstsein zerstören würde[65]. Die einseitige Betonung des technischen Fortschritts führt zur Technokratie und zum »eindimensionalen Menschen«[66]. Konkret heißt dies, daß das Leben des Menschen durch die Technik bestimmt wird, und seine Gedanken werden mit denen der Gesellschaft gleichgeschaltet. Der metaphysische Bereich verschwindet als bestimmende Realität und dient als »Spielwiese« für allerlei pseudoreligiöse Gruppierungen, die den technokratischen status quo noch stabilisieren. Guardini fordert trotz aller Problematik der Technik »nicht weniger Technik, sondern mehr«, da es ihm um eine menschlichere Technik geht. Ihm geht es um ein Akzeptieren der Gegenwart; keine Rückkehr, Umkehr oder Ausstieg ist gefordert. Durch eine Änderung oder Verbesserung an den Symptomen wird der Zustand der Gesellschaft nicht gelöst, sondern nur aus einem tiefen inneren Ansatz heraus kann die Lösung kommen[67]. Trotz Kritik an der technischen Gesellschaft kann Guardini heute nicht einseitig von bestimmten Gruppen vereinnahmt werden. Jaspers kritisiert ebenso wie Guardini die Sachlichkeit der technischen Welt. Nicht Sinnvermittlung, sondern Sachwissen ist gefragt. Die Sachlichkeit entfaltet eine endlose Beschäftigung mit dem Triebhaften. Der Mensch begeistert sich für das Massenhafte und Ungeheure, für die technischen Schöpfungen und für riesige Menschenansammlungen. Es findet eine sachliche Befriedigung des Gemütes ohne persönliche Beteiligung statt. Weiterhin

---

65) Vgl. Jaspers, 170

66) Vgl. Marcuse, 1984, 32

67) Vgl. Guardini, 1927, 96 f.

kritisiert Jaspers die Funktionalisierung der Lebensbereiche. Wo der Mensch als Funktion gilt, muß er jung sein; wenn er dies nicht mehr ist, wird der Schein der Jugend hergestellt. Indem die Institutionen das Dasein des einzelnen funktionalisieren, wird er aus der Substanz des Lebens herausgerissen. Traditionen lösen sich auf; der Mensch hat kein festes Dasein mehr. Er wird ortlos, bekommt Aufgaben, hat aber keine Kontinuität mehr. Die Leistungen werden für einen Zweck erbracht und sind dann erledigt. Somit wird Vergessen zu einem Grundzug des Daseins. Die Liebe des Menschen zu seinem Mitmenschen und den Dingen schwindet.

Die technischen Apparaturen begünstigen solche Menschen, die die Fähigkeit haben, situationsbewußt, rücksichtslos die Menschen nach ihren Durchschnittseigenschaften zu behandeln, als Menschen, die bereit sind, sich spezialistisch zu einer Virtuosität zu steigern, bereit, ohne Muße zu leben, und nur von ihrem Fortkommen behext sind[68]).

In diesem Zusammenhang stellt sich die Frage nach der Wertneutralität der Technik. Sie wird in der Wissenschaft kontrovers diskutiert. Einerseits wird die Meinung vertreten, daß die Technik weder gut noch böse ist[69]), daß sie ethisch wertneutral[70]) ist, andererseits wird diese These verneint, da aufgrund der politischen Züge der Industriegesellschaft nicht mehr von einer »Neutralität« der Technik gesprochen werden kann. In diesem Zusammenhang vertritt Herbert Marcuse die These, daß Technik nicht von dem Gebrauch abgelöst werden kann, der von ihr gemacht wird. Er sieht in der technologischen Gesellschaft ein Herrschaftssystem, das implizit durch die Schaffung und den Aufbau von Technik gegeben ist. Technologische Rationalität verwandelt sich in politische Rationalität[71]).

---

68) Vgl. Jaspers, 1979, 44 f.
69) Vgl. ders., 1983, 161.
70) Vgl. Ockenfels, 1985, 29.
71) Vgl. Marcuse, 1984, 18 f.

Auch für Nicolai Berdjajew stellt Technik nichts Wertneurtrales dar. Die Technik versetzt dem humanistischen Ideal einen tödlichen Stoß, weil die Maschine ihrem Wesen nach antihuman ist. Der religiöse Sinn der Technik bestände darin, daß durch die Technik alles unter das Zeichen des Geistes gestellt wird.

Die Technik hörte dadurch auf, geistig neutral zu sein. Letztendlich kann überhaupt nichts geistig neutral sein. Seiner Meinung nach übt die Technik eine verheerende Wirkung auf die Seele aus und ruft dadurch eine Reaktion des Geistes hervor. Die Seele hat der wachsenden Macht der Technik nicht standgehalten, wie sich an den vielen seelisch gestörten Menschen deutlich ablesen läßt. Deshalb ist die Technik den geistig-ethischen Werten zu unterwerfen[72]). Die Technik ist also kein völlig autonomes System, sondern unterliegt moralischen Wertungen und bedarf der Eingliederung in eine ethische Ordnung, von der her sie ihre Legitimation bezieht. Ob die Technik per se schon ein Herrschaftsinstrument darstellt, darf bezweifelt werden, da es der Mensch ist, der entscheidet, wie er die Technik einsetzen will. Die Frage ist, ob der Mensch sein Medium noch beherrscht, oder ob er nur noch Objekt anonymer technischer Prozesse ist und sich von ihnen beherrschen läßt. Letzteres unterstellt Marcuse, der in diesem Fall einen Determinismus vertritt, der der prinzipiellen Freiheit des Menschen widerspricht. Die technische mit der ethischen Rationalität zu verbinden, hat die neuzeitlich-aufklärerische Vernunft versagt. Kriterium dieser Vernunft war die Effizienz der eingesetzten Technik. Diese formal-funktionale sogenannte wertfreie Vernunft hinterließ ein Vakuum im geistig-ethischen Bereich; dieses wurde von allerlei Mythen besetzt. Neuestes Beispiel dieser Entwicklung ist das Phänomen der »Grünen«, die nicht nur die eindimensionale Rationalität ablehnen, sondern die Rationalität überhaupt. Es ist deutlich geworden, daß eine gewisse Übereinstimmung bei

---

[72]) Vgl. Berdjajew, 1971, 35 f.

der Kritik der Technik zwischen Guardini und einigen Vertretern der Kritischen Theorie besteht. Guardini kritisiert eine Wissenschaft und Technik, die nicht an Werten orientiert ist. Guardinis Kritik stammt aus den Prinzipien jüdisch-christlichen Gedankengutes. Es spricht einiges dafür, daß auch einige Vertreter der Kritischen Theorie aus diesen Quellen schöpfen.

Formen der Kulturdiagnostik- und kritik stimmen darin überein, daß Wissenschaft und Technik ambivalente Folgen haben, und die Herrschaft anonymer Mächte die Menschen kontrolliert. Letztendlich geht es Guardini und der Kritischen Theorie darum, Positivismus, Utilitarismus und Totalitarismus zu kritisieren[73]).

Mit der Technisierung des Daseins hat sich auch das Bild der Natur gewandelt. Indem sich durch die Technik das Verhältnis des Menschen zur Natur wandelt, wandelt sich auch der Mensch. Mit der Naturbeherrschung ist eine Beherrschung des Menschen verbunden. In der Neuzeit ist der Mensch in eine Gefahrenzone geraten, die unheimlicher ist als je zuvor. Sie erwächst aus den technischen Folgen, aus der Wissenschaft, die die Grundlage der Zivilisation ist. Der Mensch hat Macht über seine Umwelt bekommen, was fehlt, ist Macht über sich zu bekommen. Aus der Logik seiner jeweiligen Probleme hat der Mensch die technischen Neuerungen in sein menschliches Dasein einzuordnen. Es gilt, den Prozeß des Erfindens und Erneuerns nicht kritiklos zu akzeptieren, sondern sich beständig zu fragen, was aus dem Menschen werden soll, der diesem Prozeß ausgesetzt ist[74]). Wie hat eine Synthese zwischen Mensch und Technik auszusehen, die die Entwicklung zum Guten wenden könnte? Johannes B. Lotz sieht den Grund für das Spannungsverhältnis zwischen Mensch und Technik darin, daß der Mensch das Überweltliche – das immer ins Innerweltliche einbricht – aus

---

[73]) Vgl. Schlette, 1973, 35 f.

[74]) Vgl. Guardini, 1955e, 20.

seiner Erfahrungswelt ausgeschlossen hat. Wenn dann das Innerweltliche noch auf das Machbare verengt wird, kündigt sich die Knechtschaft der Technik über den Menschen an[75]). Lotz sieht eine Lösung darin, daß das Transzendent-Absolute in das Bedingte mit hineingenommen werden muß, damit es dieses ganz durchwirkt. Geschieht das nicht, bleiben die anderen Bereiche ihrem Wesen entfremdet oder ihrem Unwesen ausgeliefert. Dies trifft für die Technik zu, da sich ihre Beherrschung als ein religiöses Problem darstellt. Gelingt es dem Menschen nicht, sein Ziel auf das überweltlich unendliche Ziel hin auszurichten, wird er zum Sklaven seiner innerweltlichen Ziele und Bedürfnisse, d. h. er verliert seine Freiheit[76]). Die Folge ist der Massenmensch, der in der Anonymität der Gesellschaft aufgeht.

Mit der Zunahme der Technik stellte sich für Romano Guardini das Phänomen der Masse[77]) als ein zentrales Kriterium der Neuzeit dar. Sie ist ein Produkt der Maschine, da sie die organische Ordnung sprengt und isolierte Kräfte freisetzt.

---

75) Vgl. Lotz, 1979, 30.

76) Vgl. ebda., 116.

77) In der politisch-sozialen Bedeutung erscheint Masse im Zuge der Französischen Revolution. Sie bedeutet eine gesellschaftskritische Kategorie, die die emanzipatorische und evolutionäre Bewegung der modernen Gesellschaft begleitet.
Im Marxismus nimmt der Massenbegriff eine aktivistische Wendung, da Marx ihre Bedeutung für die Umwälzung der Gesellschaft herausstellt. Lenin stellt den Massen des Proletariats eine Avantgarde voran, ohne die die Revolution nicht erfolgreich durchgeführt werden kann. Um 1900 setzt die Psychologisierung des Begriffes ein. Die kulturkritische Auseinandersetzung hat an die Aussagen der klassischen Massenpsychologie angeknüpft. Ortega y Gasset hat die Vermassung als das Negative der Moderne hingestellt. Masse ist jetzt der Durchschnittsmensch. Die Massenkultur wird als Kulturverfall bewertet. Heute kann die Vermassung am Phänomen der Massenkommunikationsmittel aufgezeigt werden (vgl. Pankoke, in: Ritter/Gründer 1980, 828 ff).

Guardini versteht unter Masse eine große Anzahl von Menschen, die unter dem Gesetz der Normung steht. Sie stellt eine menschlich-geschichtliche Grundstruktur dar. Masse bedeutet somit für Guardini nichts abwertendes, sondern eine Struktur, die mit Technik und Planung verbunden ist. Masse ist nicht als eine Verfallserscheinung zu verstehen, sondern ist eine menschliche Grundform. Hier hebt sich Guardini von Ortega y Gasset ab, der die Massenkultur als eine Verfallserscheinung ansieht, die in die Barbarei führt[78]). Guardini versteht Masse nicht als ein quantitatives Problem, sondern als ein qualitatives. Dagegen sah Ortega es auch verstärkt unter dem quantitativen Aspekt. Das Massenphänomen ist eine Folge der Technisierung der Gesellschaft. Sie ist ihr Stil und Produkt[79]).

Beim Phänomen der Masse stellten sich für Guardini zwei Probleme. Erstens, daß auch er ein Teil dieser Masse war und zweitens, daß sich die Frage nach dem Menschen dringender denn je stellte. Die Masse erschien ihm als eine »apokalyptische Wirklichkeit«, im Guten wie im Schlechten. Die Tatsache der Masse gehört zu den »schwersten Lasten« des Daseins. Die Schwierigkeiten, die Guardini mit dem Phänomen Masse hat, liegen daran, daß er im Menschen etwas Einmaliges erblickt. Dieses Einmalige verliert sich in der Masse, deshalb hat eine Befreiung aus der Gattungsvielheit der Natur zu erfolgen, die aber die Einsicht in die Einmaligkeit der Person zur Folge hat. Diese Einsicht ist aber noch einer höheren zu opfern, nämlich daß nur das Transzendent-Absolute einmalig ist[80]).

Ein besonderes Anliegen Romano Guardinis ist die Zukunft des Massenmenschen. Er sieht ihn als entpersönlicht, ohne eigene Initiative, kritiklos gegenüber den technischen Einwirkungen, ohne erkennbaren Freiheitsdrang, seine Anonymität zu

---

78) Vgl. Gasset, 1974, 51 f.
79) Vgl. Guardini, 1950, 73; ders., 1925c, 158; ders., 1982, 39 f.
80) Vgl. ders., 1928, 300; ders., 1932, 102; ders., 1928b, 300 f.

überwinden. Obwohl er in die Masse eingebunden ist, bleibt er isoliert und kontaktarm[81]). Ähnlich äußert sich Karl Jaspers, wenn er Masse als ungegliedert, ihrer selbst unbewußt, einförmig und quantitativ, ohne Art und ohne Überlieferung, bodenlos und leer bezeichnet[82]). Auch für ihn hat die Technik das Massenphänomen hervorgebracht.

Wo liegen die menschlichen Probleme der Masse? Sie bestehen darin, daß durch die Nivellierung des einzelnen seine Persönlichkeit bzw. sein Personsein verloren zu gehen droht. Nach Guardini darf letzteres nicht geschehen. Diese Frage ist von der Masse her zu beantworten und nicht von der alten Persönlichkeitsstruktur. Die Masse trägt aber auch die Chance in sich, zur vollen Mündigkeit der Person beizutragen. Dies kann aber nur durch eine innere Befreiung und Askese gelingen, um gegen die »Es-Mächte« bestehen zu können.

Für Guardini geht es letztlich darum, den Aristokratimus zurückzudrängen zugunsten der Mehrheit, da jeder dieser Vielen ein Recht auf ein menschenwürdiges Leben und Anteil an den Gütern der Welt hat. Auch hier unterscheidet er sich von Ortega y Gasset, der für das aristokratische Prinzip eintritt. Guardini will, daß das Phänomen der Masse eine Gliederung erfährt, um dadurch zu einer Rangordnung zu kommen. Konkret setzt sich Guardini auch für die Arbeiter ein, da sie noch keine Möglichkeit hatten, eine bürgerliche Existenz zu führen. Sie waren bisher nur Objekt der Politik, müssen jedoch Subjekt der Politik werden[83]).

Guardini tritt der Auffassung entgegen, daß durch die neuzeitliche Entwicklung der Mensch humaner geworden sei. Er sieht die Humanität überall im Schwinden und die Brutalität auf dem Vormarsch. Hierin stimmt er mit Ortega y Gasset überein,

---

81) Vgl. Guardini, 1950a, 74 ff, ders., 1962, 24.

82) Vgl. Jaspers, 1983, 164.

83) Vgl. Guardini, 1925 f, 355; ders., 1970a, 714; ders., 1962, 24.

der den Massenmenschen als »Barbaren« und die Zeit als »Barbarei« bezeichnet hat. Ein noch bedeutenderes Faktum stellt für Guardini die Entstehung eines neuen Menschentypus dar, für den der einzelne wie die Masse unwichtig sind. Für diesen Typus geht es primär um die Sicherung seiner eigenen Position in der Gesellschaft, um deretwillen er die ungeheuerlichsten Menschenopfer in Kauf nimmt[84]).

Auch für Karl Jaspers gehören technische Daseinsordnung und Masse zusammen, und sie haben sich gegenseitig hervorgebracht. Er stimmt mit Guardinis Kritik überein, daß die Masse von der Produktion und Konsumption beherrscht wird und wesenlos dahinexistiert. Der einzelne geht in diesem Dasein unter. Nur wenn die Massen die aristokratischen Werte annehmen würden, ginge die Welt auf den Höhepunkt ihrer Geschichte zu[85]).

Obwohl Guardini alles Massenhafte widerwärtig ist, da er es mit Nivellierung des Geistigen gleichsetzt, gibt es für ihn kein Zurück, sondern das Hier und Jetzt ist zu bewältigen[86]). Da er Realist ist, läßt er sich überzeugen, daß das Massenphänomen ein Faktum der Neuzeit ist. Dabei gilt seine Sorge dem einzelnen Menschen, besonders dem einfachen. Es ist Walter Dirks zuzustimmen, der schreibt, daß die Solidarität bei Guardini zur moralischen Grundlage der kommenden Zeit werde. Bei Guardini kommt dem »kleinen Mann« eine große Aufgabe für die Zukunft zu. Guardini weigert sich, an diesem Dasein zu verzweifeln, das er innerlich nicht akzeptieren kann[87]).

Es ist deutlich geworden, daß für Guardini Technik und das Phänomen der Masse zusammengehören. Obwohl Guardini nichts wesentlich Neues zur technischen Welt sagt, kann er doch

[84]) Vgl. Guardini, 1970a, 715.
[85]) Vgl. Jaspers, 1979, 34; ders., 1983, 167.
[86]) Vgl. Gerl, 1985a, 184.
[87]) Vgl. Dirks, 1953, 37; ders., 1985, 50.

in einer Linie mit Teilen der Kritischen Theorie genannt werden. Besondere Übereinstimmung besteht zwischen ihm und Karl Japsers.

3.3 Die Dämonie der neuzeitlich-technischen Macht

Neben dem Fortschritt, der Technik und der Masse maß Guardini der neuzeitlichen Macht eine besonders wichtige Position in seiner Neuzeitkritik zu.

In einem allgemeinen Sinne liegt Macht allem Seienden zugrunde. Indem etwas ist und so ist, wie es ist, setzt es sich im Sein durch. Die Macht hat ihren Grund darin, sich gegen innere Gefährdung und äußere Verneinung zu behaupten.

Eigentlich gehört Macht dem personalen und sozialen Bereich an; sie tritt aber im individuellen, gesellschaftlichen und staatlichen Bereich auf. Sie meint hier die Überlegenheit eines vom Willen bestimmten Könnens und Beherrschens. In diesem Sinne definiert Max Weber Macht als die Chance, innerhalb einer sozialen Beziehung den eigenen Willen gegenüber Widerständen durchzusetzen[88]). Bei dieser Definition bleibt offen, worauf die Macht beruht. Soziologisch gesprochen ist sie amorph, d. h. sie kann aus irgendwelchen Motiven entstehen. Die Macht bedarf einer inhaltlichen Bestimmung, um sie als einen sittlichen Wert zu kennzeichnen. Sie ist nicht identisch mit Gewalt oder Zwang, da beide jeden Widerstand gewaltsam brechen. Die Macht kann sich der Mittel Gewalt und Zwang bedienen, aber niemals als Selbstzweck, sondern nur um ihrer eigenen Verwirklichung zu

---

88) Vgl. Weber, 1976, 28.
Diese erreichte Wirkung beruht also nicht auf der freiwilligen Entscheidung des einzelnen.

dienen. Ebenso ist Macht von Herrschaft unterschieden. Im Sinne Max Webers bedeutet Herrschaft das Gehorsamfinden einer bestimmten Personengruppe[89]). Sie ist eine institutionalisierte, auf Befehlsbereiche abgestimmte Macht. Erst die Herrschaft läßt aus amorphem Gemeinschaftshandeln rationale Vergesellschaftung entstehen. Macht ist demnach nichts Dämonisches, nur muß sie in die persönliche Verantwortung jedes einzelnen gestellt werden.

Für Romano Guardini gehören Macht und Verantwortung zusammen. Er hat das Machtproblem des neuzeitlichen Menschen als ein primär ethisches Phänomen aufgefaßt. Der Mensch hat zu lernen, die ihm durch die Beherrschung der Natur zugefallene Macht verantwortungsvoll zu gebrauchen; darin verwirklicht er seine Person. Macht bedeutet für ihn, über das Seiende zu herrschen. Es ist die im Wesen des Menschen liegende Möglichkeit, aus freiem Willen Aktionen zu initiieren, zu wählen und zu reflektieren. Macht und Freiheit gehören deshalb zusammen. In dem Akt der Freiheit tritt der Mensch der Natur gegenüber und bestimmt und formt sie, ohne mit ihr identisch zu sein. Die Freiheit besteht also nicht darin, das Persönliche oder politisch Beliebige zu tun, sondern das vom Wesen des Seienden Geforderte[90]). Bei Guardinis Machtbegriff kommt es nicht so sehr auf die Durchsetzung des Willens im Weberschen Sinne an, wie auf die freie Entscheidung des einzelnen. Sein Machtverständnis geht von der Willensfreiheit des Menschen aus, sich über das Seiende zu erheben; dies impliziert jedoch immer auch

89) Vgl. Weber, 1976, 28.

90) Vgl. Guardini, 1966, 54; ders., 1950a, 107; ders., 1977b, 210; ders., 1965a, 105.
Guardinis Machtverständnis geht davon aus, daß andere in Freiheit das von ihnen Gewollte bewirken. Somit ist Macht durch die Freiheit des Mitmenschen und durch ein aus sich selbst verbindliches Ziel bestimmt.

die Entscheidung, es nicht tun zu können. Es kommt nicht darauf an, was der Mensch will, sondern was primär die Sache erfordert. Der menschliche Wille wird nicht den Dingen oder anderen Menschen aufgezwungen.

Den Machtzuwachs verdankt der Mensch den Erfolgen der Technik. Macht und Technik haben es also auch dem Menschen ermöglicht, die Erde zu zerstören. Die Gefahren liegen nicht so sehr in der Technik als in der mangelnden Fähigkeit des Menschen, die freigesetzten Kräfte zu verwalten und zu kontrollieren. Die Gefahr entspringt also nicht aus der Technik als solcher, sondern aus der menschlichen Haltung, keine Verantwortung zu übernehmen. Diese Verantwortungslosigkeit hat ihre Wurzel in der neuzeitlichen Metaphysik der Subjektivität, die meint, das Wesen menschlicher Sittlichkeit bestehe in der Autonomie. Aus dieser Subjektivität, die Herrschaft will, ohne sie zu verantworten, und aus der Endlichkeit des Menschen entsteht die Gefahr, daß der Mensch von seiner eigenen Macht geblendet wird, und diese sich ihm gegenüber verselbständigt.

Der Machtzuwachs, der durch die Technik bedingt ist und den der Mensch als Fortschritt interpretiert, weil er Sicherheit und Wohlfahrt erhöht, kann sowohl für gute als auch schlechte Zwecke gebraucht werden; dies hängt von der Gesinnung, dem Ernst der Verantwortlichkeit und der Klarheit des Gewissens ab. Diese Elemente haben aber mit dem Machtzuwachs nicht Schritt gehalten. Der moderne Mensch wurde nicht zum adäquaten Machtgebrauch erzogen. Das heißt, daß die Gefahr des falschen Gebrauchs der Macht durch den Menschen ständig wächst. Da es kein Ethos der Macht gibt, macht der Mensch von seiner Freiheit Gebrauch, indem er sein Handeln mit äußeren Zwängen und Notwendigkeiten begründet.

Für Guardini scheint es sogar, daß sich die Macht objektiviere und sich von der Logik der wissenschaftlichen Fragen, den technischen Problemen und den wirtschaftspolitischen Faktoren zur Handlung bestimmen läßt. Hierin sieht er eine Dämonisierung der Macht. Diese gewissenlose Macht wird von Dämonen in Besitz genommen, d. h. von Instinkten, der Selbstsucht, der Gewalt etc.[91]). In diesem Fall von einer »Dämonie der Macht« zu sprechen, mag als Metapher sinnvoll sein, führt aber am eigentlichen Problem vorbei, nämlich an der Tatsache, daß Macht wie Freiheit und Recht in die Verantwortung des Menschen gestellt ist. Indem durch die Ausübung der Verantwortung der subjektive Wille eingeschränkt wird, wird auch die Grenze der Macht sichtbar.

Als Entscheidungskriterien hat der Mensch Normen und Werte anzuerkennen, die über Volk und Staat stehen, und diese gegenüber den politischen und wirtschaftlichen Fakten durchzusetzen. Aufbauend ist die Macht für Guardini nur, wenn der Mensch in der Ordnung des Daseins steht, solange er seinen Machttrieb kontrollieren kann, solange er sich dafür verantwortlich weiß, daß das Rechte geschieht. Geschieht dies nicht, wendet sich die Macht gegen das Leben[92]). Zum Wesen der Macht gehört als spezifisch menschliches Phänomen die Sinngebung, weil der Mensch von Natur auf Sinn angelegt ist. Er kann, ohne den Dingen einen Sinn beizulegen, nicht existieren, sondern nur vegetieren. Der Vorgang der Machtausübung ist sinnbestimmt, d. h. die intendierte Handlung trägt den Sinn in sich selbst. Es gibt keine von vornherein sinn- und wertvolle Macht. Sie erfährt ihre Bestimmung erst dadurch, daß der Mensch ihrer inne wird, über sie entscheidet, sie in Tat umsetzt. Dies heißt, er trägt Verantwortung. Es gibt also keine nicht-verantwortete Macht, da ihr Einsatz immer die freie Tat des Menschen voraussetzt. Gefährlich wird die Macht dann, wenn die Entscheidungsgewalt vom einzelnen auf ein Kollektiv übergeht, da dann auch das Element der sittlichen Verantwortung wegfällt. Wenn das Handeln nicht mehr vom Bewußtsein der Person

---

[91]) Vgl. Guardini, 1950a, 99 f.

[92]) Vgl. ders., 1955e, 12 f.

getragen wird, noch im sittlichen Sinne verantwortet wird, entsteht im Handeln ein Vakuum, das von den »Es-Mächten« eingenommen wird[93]). Für die Politik stellt sich deshalb immer die Frage nach dem Einzelnen und dem Sittlichen. Die Entscheidung hat sich nach dem Sittengesetz zu richten und muß sinnvoll sein.

Für Guardini gibt die Offenbarung Auskunft über das Wesen der Macht. Nach ihr hat der Mensch Macht über die Natur und sein eigenes Leben. Daraus erwächst ihm die Aufgabe zu herrschen. In diesem Machtgebrauch und der Beherrschung besteht nach Guardini die natürliche »Gottebenbildlichkeit« des Menschen. Sie ist somit dem Menschen wesentlich und von ihm verantwortlich zu handhaben. Wenn also die Macht vom Transzendent-Absoluten stammt und nicht von der Autonomie abgeleitet werden kann, dann hat der Mensch sich in der Welt verantwortungsbewußt zu verhalten, sie nicht auszubeuten, nicht seinen egoistischen Zielen unterzuordnen, sondern sie nach dem Willen des Transzendent-Absoluten zu gestalten. Der Mensch soll Ebenbild bleiben und nicht Urbild werden wollen. Die Erklärung für das verwirrte Verhältnis zur Macht liegt nach Guardini im »Sündenfall« des Menschen. Seitdem ist die Menschheitsgeschichte fehlgelaufen. In der Abwendung vom Transzendent-Absoluten liegt auch der Grund, warum die Neuzeit sich so entwickelt hat, wie sie geworden ist. Wäre dies nicht geschehen, hätte es »die richtige Neuzeit« geben können[94]).

Guardini begründet wiederum ein philosophisches Problem mit theologischen Kategorien, und zwar der Offenbarung und dem »Sündenfall« des Menschen. Verantwortliches Handeln ist demnach nur möglich, wenn es vom Transzendent-Absoluten

---

93) Vgl. Guardini, 1965a, 14 ff.

94) Vgl. ders., 1965a, 27 ff; ders., 1953e, 27.

ausgeht. Diese These wird in der neuzeitlichen Ethikdiskussion nicht mehr akzeptiert. Die Ethik hat sich vielmehr autonom zu begründen, und zwar aufgrund der Vernunft. Ob sich die Welt so entwickeln mußte, wie sie sich entwickelt hat, ist müßig zu diskutieren, da sie nun einmal so geworden ist. Vielleicht wäre die Entwicklung anders verlaufen, wenn sich der Mensch am Transzendent-Absoluten ausgerichtet hätte.

Die Interpretation der Freiheit im subjektivistischen Sinne, der Verlust objektiver Inhalte durch die Relativierung aller Werte, die innerlich unverbundenen Meinungen und Standpunkte haben eine Skepsis und Haltlosigkeit hervorgerufen, in die die Macht als einziges gesichertes Faktum hineinstoßen konnte. Sie kann nur richtig gehandhabt werden, wenn der Mensch Charakter und Verantwortungsbewußtsein hat und Askese übt. Entspricht er dem nicht, so wird die Perversion des Menschen, seine sittliche Zerstörung und seelische Zerrüttung die Folge sein[95]). Auch Martin Heidegger sah in unserem Zeitalter eine totalitäre Tendenz, d. h. den ungebundenen Willen als Willen zur Macht. Er bemächtigt sich allen Seins. Als Folge der Seinsverlassenheit ist im technischen Zeitalter die Welt des Menschen zum Material herabgesunken. Diese Situation kann nur durch bewußtes Denken überwunden werden.

Was hat zu geschehen, damit es zu einem sittlichen Gebrauch der Macht kommt? Es geht Guardini um die Bändigung der Macht und ihren rechten Gebrauch. Dazu ist eine Rangordnung der Dinge und Werte zu errichten, die sich in der Ehrfurcht vor dem Lebendigen[96]) ausdrückt. Von dorther kann eine innere sittliche Bindung stattfinden. Aus dem christlichen Glauben ist eine Ethik der Selbständigkeit und ein Bewußtsein von Rechten

---

95) Vgl. Guardini, 1962a, 152; ders., 1950b, 75; ders., 1965a, 76.

96) Hier lehnt sich Guardini an Albert Schweitzers Ehrfurcht vor dem Leben als eines ethischen Postulates für das Verhalten des Menschen an (vgl. Watzal, 1985b).

und Pflichten für das Handeln zu errichten, das dem Menschen die Verantwortung für sein Tun auferlegt. Der Mensch ist zu befähigen, sich dem »Chaos« entgegenzustellen. Er hat den Parolen der Öffentlichkeit, der Suggestion, der Propaganda, der Medien standzuhalten. Deshalb hat er Askese zu üben, ohne die die Freiheit nicht wiedererlangt werden kann. Erst dann wird der Mensch auch wieder Herr seiner eigenen Macht. Aus alledem hat eine geistige Regierungskunst hervorzugehen, in der Macht über die Macht ausgeübt wird. Sie findet trotz aller Arbeit Raum für die Würde des Menschen. Das erst wird die eigentliche Macht sein. Guardini läßt die Frage offen, welche Macht entstehen würde, wenn sich die wissenschaftlich-technische Macht mit den Werten verbinden würde, mit denen das sittliche Denken der Menschheit sie immer zusammengebracht hat, nämlich mit Gerechtigkeit und Liebe[97]).

Guardini argumentiert hier ähnlich wie Albert Schweitzer, weil er mit einer inneren geistigen Haltung gegen die Macht vorgehen will, die sich an Werten zu orientieren hat. Ob aus dieser Haltung eine »geistige Regierungskunst« entsteht, darf mit Recht bezweifelt werden. Dies könnte erst geschehen, wenn die fortschreitende Rationalisierung der Gesellschaft und der menschlichen Lebensbereiche umschlägt in Irrationalität. Gefahren des Irrationalen zeigen sich in jüngster Zeit in der aktuellen Politik: Es findet ein Rückzug in den Subjektivismus statt. Konkret heißt dies, daß der einzelne nicht mehr in der Lage ist, ins Objektiv-Allgemeine zu transzendieren, es wird nur noch das Konkrete akzeptiert.

Guardini unterschätzt die Bedeutung der Macht für den politischen Bereich. Hier stellt sie etwas Positives dar. Der Staat hat über Macht zu verfügen, um die Spannungen innerhalb der

---

[97]) Vgl. Guardini, 1948/49, 121 f; ders., 1966, 31 f; ders., 1956b, 269; ders., 1950a, 110 f; ders., 1977b, 210.

Gesellschaft ausgleichen zu können und eine friedliche und gerechte Ordnung aufzubauen. Zur Festigung des staatlichen Lebens ist es nötig, daß zur äußeren auch die innere Macht hinzukommt, daß die Macht legitime Autorität besitzt und als echte Herrschaft im Gewissen bejaht wird. Entscheidend ist aber, daß Verantwortung für die Macht vorhanden ist. Dies wiederum hat Guardini als zentral angesehen. Was er nicht beachtet hat, ist die Bindung der Macht durch das Recht. Es garantiert den Schutz der Freiheit und der Person. Ohne diese rechtliche Bindung der Macht entsteht Willkürherrschaft und Diktatur.

Guardinis Aussagen über die Macht sind auf dem Hintergrund der Erfahrungen mit dem Nationalsozialismus und Kommunismus zu sehen. Auch für diese Erscheinungen macht er die Autonomie verantwortlich. Indem er die These vertritt, daß der Mensch Macht über seine Macht erlangen muß, solidarisiert er sich mit den christlichen und humanistischen Moralisten. Der eigentliche Widerpart ist jedoch der technizistisch-materialistische Funktionalismus[98]).

Auch bei der Machtproblematik geht Guardini vom Abfall des Menschen vom Transzendent-Absoluten als Ursache für die augenblicklichen Zustände aus. Die Autonomie erweist sich auch hier als die Ursache des Übels. Setzt man diese These an den Anfang, dann erscheint die ganze menschliche Entwicklung als Verfall. Die Autonomie des Menschen äußert sich z. B. als technische und moralische, als Welt- und Selbstgestaltung in Natur und Kultur. Es ist deshalb von Guardini nicht richtig gesehen, daß er die mit der modernen Technik aufkommenden Bürokratien und Apparate als Macht bezeichnet. Diese modernen Technokratien sind vielmehr mit ihrer manipulativen Verfügung über Menschen als ein Phänomen eigener Art der Macht gegenüberzustellen, da es sich hier um zwei verschiedene Ebe-

98) Vgl. Schlette, 1970, 273.

nen handelt. Bei dieser Manipulation wird keine Gewalt angewendet; sie ist eine Macht, ohne sich als solche zu erkennen zu geben. Um ein solches Phänomen handelt es sich bei den neuen Kommunikationsmitteln. In diesem Zusammenhang bezweifelt Eugen Biser, ob mit der Kategorie der Macht wirklich das Proprium der Neuzeit erfaßt worden ist. Nach ihm besteht vielmehr die Gefahr, daß sich die Menschen ihre eigene Unterdrückung durch die technischen Medien selbst bereiten, indem sie sich total zerstreuen, ihre Welt gleichschalten und somit eine Diktatur errichten[99]). Wenn man mit Biser das Problem der Neuzeit so auf das Medienproblem verkürzt, dann hat Guardini in der Tat mit der Kategorie der Macht das Proprium der Neuzeit falsch eingeschätzt. Dieser Vorwurf ist jedoch unangebracht, da sich zu Guardinis Lebzeiten dieses Problem in seiner ganzen Schärfe noch nicht gestellt hat. Für ihn stellt sich das Machtproblem als ein menschliches Problem dar. Solange es dem Menschen nicht gelingt, seine Macht an das Sittengesetz zu binden, sind die gesellschaftlichen Probleme Ausfluß dieser menschlichen Unzulänglichkeit. In diesem Lichte wäre dann auch das Medienproblem Bisers zu sehen.

In Guardinis Denken besteht ein unausgetragener Gegensatz zwischen historischem und platonischem Denken. Er stellt das Problem der Macht unter anderem als ein Sinnproblem dar. Dies läßt sich aber historisch nicht durchhalten. Dadurch entsteht ein Widerspruch. Vergleicht man die Macht mit einer bleibenden Wahrheit, dann tritt das Nicht-Humane extrem hervor. Die Lösung von der Erweckung der Person zu erwarten, geht an der Realität vorbei. Wenn Humanität und Christentum eine Zukunft haben, dann dürfte sie sich kaum

---

99) Vgl. Biser, in: Seidel, 1985a, 229.
Hier greift Biser die These des amerikanischen Medientheoretikers Neil Postman auf.

im Sinne Guardinis einstellen. Hier scheint der Wunsch des Theologen der Vater des Gedankens zu sein[100]).

Guardini hat die Macht als ein individuell zu bewältigendes Problem gesehen. Er hat aber auch auf den gesellschaftlichen Bereich hingewiesen. Hier liegen große Gefahren, da im Kollektiv eine Potenzierung der Macht stattfindet, die nicht mehr der persönlichen Verantwortung unterliegt. Ihre Ausübung wird anonym. Mit fortschreitender Massierung, mit der totaleren Verstaatlichung und Bürokratisierung der Lebensbereiche wachsen die staatlichen Organisationen. Die vermehrte Anzahl der Instanzen und ihre gegenseitige Abhängigkeit entrücken die Verantwortung des einzelnen immer mehr ins Ungreifbare und degradieren den einzelnen zum unselbständigen Funktionär. Dies hat Guardini deutlich vor Augen gehabt.

---

100) Vgl. Krüger, 1953, 73 f.

4 Die Kritik des modernen neuzeitlichen Menschen

Fragen nach dem Wesen des Menschen sind so alt wie der Mensch selbst. Die neuzeitliche Anthropologie beschäftigt sich deshalb nicht mehr mit den Fragen nach dem Wesen des Menschen, da über die Was-Frage nichts auszusagen ist, sondern mit den Elementen, die den Menschen konstituieren, wie z. B. Geschichtlichkeit, Sprachlichkeit, Welt etc. Dabei stellt sich die Frage, ob der Mensch als ein rein biologisches und/oder soziales Wesen verstanden wird. Daneben sprechen andere Ansätze vom Menschen als Person, als »Ebenbild Gottes« – hierzu gehört Romano Guardini – oder vom Menschen als Vernunftwesen, in dem die Entwicklung ihren unüberbietbaren Punkt erreicht hat.

Der Mensch wird hier als ein freies, vernunftbegabtes, auf die Welt und auf das Transzendent-Absolute bezogenes Wesen verstanden. Diese Seinsbeziehung ermöglicht dem Erkennen und Wollen immer tiefer zur Unbedingtheit vorzudringen. Damit liegt im Wesen des Menschen die Fähigkeit zur Transzendenz und die Möglichkeit zu vernunfthafter Erkenntnis des Transzendent-Absoluten, die unthematische Seinserfahrung[101]).

Wie stellt sich nun der moderne neuzeitliche Mensch für Guardini dar? Verfügt er über die Fähigkeit, Transzendenz zu erkennen, oder ist er der Immanenz verfallen?

---

[101]) Vgl. Weissmahr, 1983, 38 ff.
Was dem Menschen in der transzendentalen Erfahrung methodisch gegeben ist, ist nachweislich identisch mit dem transzendenten und personalen Absoluten, das der christliche Glaube Gott nennt. Indem es transzendentale Erfahrung oder Seinserfahrung gibt, entdeckt man die sich meldende Unbedingtheit und als dessen Grund das Unbedingte selbst. Das Unbedingte ist nicht willkürlich abrufbar, sondern es ist der Maßstab jeder Erkenntnis und die letzte Begründung jedes Wertes oder jeder Wertung (vgl. Weissmahr, 1983, 38 f).

Für Romano Guardini ist der neuzeitliche Mensch nicht sittlich reifer als der mittelalterliche. Im Gegenteil, er hat weniger Substanz, seine Identität ist zerstört und seine Urteilskraft über das Wesentliche des Daseins verkümmert. Er lebt ein aktivistisches Leben. Dieser Aktivismus wurde lange Zeit als Aufstieg zu einem höheren Lebenswert und sittlicher Verantwortung gesehen. Dieser Aktivismus hatte zur Folge, daß die kontemplativen Werte stärker in den Hintergrund getreten bzw. verlorengegangen sind. Dies ist der Grund, warum der Mensch an Tiefe verliert und von technischen Organisationen und Apparaturen beherrscht wird. Entsprechendes gilt für die Macht des Staates[102]), was in einem späteren Punkt erläutert wird.

Der neuzeitliche Mensch nimmt für sich in Anspruch, sein Dasein und das der Welt in seiner Verantwortung zu haben. Er geht davon aus, daß der Mensch ein natürliches Wesen ist, in Übereinstimmung mit sich und dem Ganzen lebt. Das neuzeitliche Bewußtsein gesteht dem Menschen nicht zu, über einen gewissen Zeitraum falsch handeln zu können. Er wird in Kategorien wie mechanische, biologische, psychologische und soziologische eingeteilt, in die er aber seinem Wesen nach nicht nur alleine gehört. Die Sensibilität für das Absolute, auf das er angelegt ist, ist ihm verlorengegangen. Objektive Maßstäbe werden nicht anerkannt. Ebenso gilt die Transzendenz nicht als Realität, da über sie nichts ausgesagt werden kann. Deshalb wird nur jenes Denken akzeptiert, das die Dinge aus den Notwendigkeiten der Natur oder aus Gesetzmäßigkeiten heraus versteht. Das heißt, daß sich der Mensch von der gewachsenen Natur weg und hin auf die geschaffene Kultur bewegt. Hier ist er den Einflüssen der Umwelt ausgesetzt. Die geschaffene Kultur dringt mit den Medien in den privaten Bereich und zerstört ihn. Die veröffentlichte Meinung und die Berichte aus aller Welt, nicht zuletzt die Katastrophenmeldungen, erschweren dem

[102]) Vgl. Guardini, 1957, 33 f; ders., 1962a, 215; ders., 1977b, 73.

Menschen den Blick auf Gesamtzusammenhänge. Sein Dasein nimmt »apokalyptischen Charakter« an. Es scheinen sich Erschütterungen anzudeuten, die der Mensch solange als möglich versucht zu ignorieren, die ihn aber letztendlich vor die Alternative von Leben und Tod stellen werden. Gegen all diese Einflüsse kann sich der neuzeitliche Mensch nicht mehr zur Wehr setzen, weil ihm die Tiefe der Person fehlt. Er ist nicht mehr Herr seiner selbst, da ihm die absoluten Werte abhanden gekommen sind, die ihm Halt und Orientierung gegeben haben[103]). Wie Guardini, so führt auch Max Picard die Auswüchse der Neuzeit auf den Transzendenzverlust und die innere Zerrissenheit des modernen Menschen zurück. Für ihn lebt der Mensch innerlich in einem zusammenhanglosen Hin und Her. Es findet keine direkte Begegnung mehr zwischen Mensch und Objekt statt, da der Mensch keine Zeit mehr hat. Zeit ist Ablauf in der Dauer, Zeit ist Zusammenhang; statt dessen nimmt die Atomisierung zu. Picard tritt für ein Antwortgeben an die Dinge ein, da sie den Menschen schweigend fragen. Der Mensch hat die Mittlerfunktion zwischen den schweigenden Dingen und dem Höheren über dem Menschen[104]).

Der Transzendenzverlust kommt nach Guardini auch dadurch zustande, daß es in der Neuzeit keine »Lücken« oder »freie Stellen« mehr gibt. Sie wurden in anderen Epochen vom Transzendent-Absoluten besetzt. Dagegen weiß das neuzeitliche Bewußtsein, daß es diese freien Stellen nicht gibt. Alles wird immanent gedeutet und verliert seinen metaphysischen Charakter. Selbst das Werden und Vergehen wird in evolutionistischen Kategorien erklärt, d. h. der Mensch ist nur Gattungswesen, wie jeder andere Teil der Natur auch. Daraus resultiert ein allgemeiner Skeptizismus.

---

[103]) Vgl. Guardini, 1950a, 98; ders., 1965a, 62; ders., 1955e, 75.
[104]) Vgl. Picard, 1958, 7ff.

Für Guardini stellen die Arbeit, der kulturell-politische Fortschritt und die Natur für den neuzeitlichen Menschen eine Art Ersatzreligion dar. Auf sie konzentriert sich die metaphysische Veranlagung des Menschen. Da der Mensch die Arbeit vergötzt, wird er beliebig verwendbar; er liefert sich dadurch an den Staat aus. Kann dieser noch den Genuß garantieren, dann ist ihm der Mensch »mit Haut und Haaren« ausgeliefert. Die menschliche Sittlichkeit auf die Arbeit als die Quelle der menschlichen Existenz zu gründen ist ebenso falsch, wie den Begriff der Leistung als den einzigen Maßstab für ein menschliches Leben gelten zu lassen. Da der Mensch alles nur noch immanent begründet, verfällt er dem Staat, und die Folge ist die Sklaverei der Arbeit[105]).

Die Vergötzung der Arbeit erfährt in jüngster Zeit ihren Höhepunkt. Alle politischen Maßnahmen sind auf die Schaffung von Arbeitsplätzen ausgerichtet. Dies ist in Anbetracht der hohen Arbeitslosigkeit auch verständlich. Durch die Substitution menschlicher Arbeitskraft durch Maschinen bekommt der Mensch aber mehr Freiheit. Sie könnte dazu genutzt werden, über sich und den Sinn seines Tuns nachzudenken, um Arbeit in einem sinnvollen, über die Genußfinanzierung hinausreichenden Zusammenhang zu erkennen. Dies geschieht jedoch nicht. Stattdessen versucht der Mensch, durch mehr Freizeit seinem Leben einen Sinn zu geben. Dies gelingt ihm aber nicht, weil die auf bloßen Genuß angelegte Freizeit ein dem Menschen wesensfremdes Element ist. Die allgemeinen Antworten auf den Sinn des menschlichen Daseins und Lebens sind somit Scheinantworten, da sie nur Lebensteile aufeinander beziehen wie Arbeit auf den Genuß. Auch im Aufgehen in der Gesellschaft kann ein befriedigender Lebenssinn nicht gefunden werden. Da vom neuzeitlichen Menschen kein Blick über das Leben und den Tod

---

105) Vgl. Guardini, 1952, 78; ders., 1956b, 169; ders., 1963, 123; ders., 1966, 16 f, 146 f, 90; ders., 1962a, 150.

hinaus geworfen wird, wird das Leben verdorben und seiner Form beraubt.

Der neuzeitliche Mensch wird mehr und mehr von der Maschine geprägt. Sie gestaltet sein Wesen um. Er wird gezwungen, Maschine zu werden, wie sie zu funktionieren und ihre Gestalt anzunehmen. Der Mensch ist aber Ebenbild des Transzendent-Absoluten und vermag nicht, Maschine zu werden, ohne sich dabei selbst zu zerstören. Der Geist, der die Maschine geschaffen hat, kann sich nicht restlos mechanisieren lassen; es bleibt in ihm ein irrationales Prinzip übrig[106]), das die Frage nach dem Sinn des Seins stellt und in der Maschine eine Bedrohung sieht, die beim Menschen Angst erzeugt.

Deshalb fragt sich Guardini, wie der Mensch seine Angst überwinden kann, und ob es in Zukunft überhaupt eine Ordnung geben wird, in welcher der Mensch in Freiheit existieren kann. Oder müssen alle Menschen in einem Geflecht psychologischer, soziologischer, technischer und politischer Kausalitäten aufgehen, die auf die Person keine Rücksicht nehmen?

Diese Frage Guardinis ist zu bejahen, solange die geistigen und religiösen Sinnpotentiale dem funktionalistisch-technischen Zweckmäßigkeitsbestimmungen unterworfen sind. Die rationalistische Wirtschaftsweise hat alle Bereiche des menschlichen Lebens erfaßt. Wenn man das Funktionieren der Gesellschaft vom Güteraustausch abhängig macht, muß man alles als Ware betrachten. Dieses kaufmännische Prinzip bestimmt nicht nur die zwischenmenschlichen Beziehungen, sondern vor allem auch den Umgang mit grundlegenden geistigen und moralischen Werten. Wert- und sinnvoll ist nur das, was nützt. Es ist nicht verwunderlich, daß Atheismus und liberalistischer Säkularismus die Folgen eines kulturellen Handelns sind, das die absolute Trennung der Kulturbereiche vom religiösen Glauben erst ermöglicht hat.

---

[106]) Vgl. Berdjajew, 1971.

Die Lösung der Krise des modernen neuzeitlichen Menschen sieht Guardini darin, daß der Mensch seine innere Mitte wiederfindet, von der aus er mit der Welt in Beziehung tritt. Durch die innere Kräftigung der personalen Mitte wird der Mensch einen neuen Standort und die Freiheit des Handelns wiedergewinnen. Konkret heißt dies, daß er lernt zu schweigen, sich zu sammeln, seiner selbst mächtig zu werden, Abstand zu gewinnen, das Wesen der Vorgänge zu erkennen und nicht nach eigenem Vorteil zu entscheiden, sondern aus dem Wesen der Dinge heraus. Daraus kann sich eine »Revolution« entwickeln, die die Scheinordnung, die dem Menschen die Freiheit nimmt und das Leben lähmt, zerbrechen wird, um ein Dasein zu ermöglichen, das des Menschen würdig ist. Die echte Re-volution wischt die Parolen wie »das geht nicht«, »das darf nicht sein«, »das widerspricht dem Fortschritt« weg. Zu dieser Haltung ist nur ein Mensch bereit und fähig, der Mut, Freiheit und Abstand zu den Dingen hat. Dies ist nur dann zu verwirklichen, wenn er das kontemplativ-meditative Element in sich wiederentdeckt. Dies läßt sich aber nur erreichen, wenn er einen Zugang zum Transzendent-Absoluten findet. Dadurch würde dem Menschen der gesamte Sinnzusammenhang vor Augen treten. Man würde erkennen, daß vieles nicht so sein muß. Es geht also letztlich nicht darum, daß der Mensch zu immer genaueren und höheren Leistungen getrieben wird, die ihn immer stärker ins Chaos treiben, sondern darum, Abstand zu gewinnen, um für das Menschliche und Transzendente frei zu sein. Es handelt sich nicht um einen Arbeitszwang – nach Max Webers Askese – verbunden mit Konsumverzicht, sondern darum, daß das Menschliche die Oberhand gewinnt[107]).

Guardini plädiert für eine Askese, die den Menschen befähigt, absolute Positionen beziehen zu können, in kulturellen Dingen

---

107) Vgl. Guardini, 1960b, 22; ders., 1962a, 32 ff, 62 f; ders., 1956b, 169; ders., 1955e, 25.

sich ein Urteil zu bilden und es durchzusetzen. Diese Askese soll die Selbstsucht der Lebensansprüche einschränken, die Hemmungslosigkeit des Verbrauchens und Genießens maßregeln, Ehrgeiz und Gewinnsucht hemmen und alles, was dem Willen zu freierem und wertvollerem Leben entspringt, fördern. Dem Trieb darf niemals nachgegeben werden. Die ethischen Probleme sind vor den wirtschaftlichen zu lösen. Die Lösungen hängen mehr von charakterlichen als von intellektuellen Eigenschaften ab. Sie hängen von der Fähigkeit des Durchschauens und Überblickens, des Urteils und der Einordnung, der Weisheit und des Maßhaltens ab; nach Guardini kann dies aber nur durch innere Zucht gewonnen werden[108]).

Guardini erwartet eine Änderung des Menschen durch die innere Umkehr des einzelnen; davon sollen Wirkungen auf die gesellschaftlichen Verhältnisse ausgehen. Hier vertritt er traditionell katholisches Gedankengut, das Veränderungen aufgrund von individuellen Verhaltensänderungen erwartet. Ob dies durch eine Askese erreicht werden kann, und ob dies die Gesellschaft verändern kann, darf bezweifelt werden. Daß durch eine Umkehr mit der nötigen Askese und Selbstdisziplin ökonomische Verhältnisse beeinflußt werden können, ist durch die Verhaltensweise protestantischer Sekten wie der Mennoniten und Armish in den Vereinigten Staaten[109]) bewiesen worden, obwohl dies in einer anderen historischen Epoche geschah und die Durchdringung der Gesellschaft durch Rationalität noch nicht erfolgt war.

Gibt es überhaupt ein Entrinnen aus dem von Guardini aufgezeigten Dilemma? Ist es möglich, die Neuzeit zu überwinden? Wie kann dies geschehen, und wie sieht die kommende Epoche aus?

---

108) Vgl. Guardini, 1962a, 36.
109) Vgl. Weber, 1973.

5 Die Überwindung der Neuzeit oder die Epoche der Nachneuzeit

Romano Guardinis Intention, die Neuzeit zu überwinden, läßt sich treffend mit Jacques Maritains Worten umschreiben. Nach ihm trachtet ein Christ danach, zu einem guten und lebensfähigen Dasein beizutragen, einen Staat der Gerechtigkeit, der Freundschaft und der Wohlfahrt aufzubauen, der jeder Person die Erfüllung ihrer Bestimmung ermöglicht. Der Christ fordert eine solche Einrichtung der Gesellschaft, damit das Recht seiner Mitglieder auf Dasein, Arbeit und Hebung ihres persönlichen Lebens darin Anerkennung findet. Seine Verurteilung der modernen Zivilisation ist im Prinzip viel schwerwiegender und begründeter als die anderer Weltanschauungen, weil nicht nur das irdische Glück der Gemeinschaft, sondern auch das Leben der Seele und die geistige Bestimmung der Person durch die Zivilisation bedroht ist[110]). Deshalb ist es Guardini ein Anliegen, daß es mit der Neuzeit »gut« werde. Um dies erreichen zu können, sollte bei der Autonomie des Menschen und der damit zusammenhängenden Problematik der Endlichkeit angesetzt werden. Die Auswüchse der Neuzeit in bezug auf Fortschritt, Technik, Masse und Macht sind zu beseitigen. Weiterhin geht es darum, die Endlichkeit wieder neu als Aufgabe vom Transzendent-Absoluten her zu begreifen.

Dieser Wandel im Denken der Neuzeit kann nur durch einen Bewußtseinswandel erreicht werden, durch den klarwerden soll, was mit der Zukunft geschehen sollte. Nicht »technische Wunder« sind gefordert, sondern man sollte sich fragen, was mit dem Humanum zu geschehen hat. Um die zukünftigen Herausforderungen bewältigen zu können, ist die Kapazität des Geistes gegenüber den wissenschaftlich-technischen Möglichkeiten zu

---

110) Vgl. Maritain, 1950, 107.

erhöhen. »Daß Menschen gebildet werden, die sich für das, was in der Geschichte vor sich geht, verantwortlich wissen, den primitiven Fortschrittsglauben wegtun, Kritik an den bisherigen, zu einfach gewordenen Maßstäben wissenschaftlicher, technischer, politischer Autonomie üben«[111]).

Als weitere Aufgabe gilt es, die Macht zu bändigen. Sie ist in einen Sinn-Mittelpunkt zu stellen und richtig einzuordnen, damit der Mensch Gebrauch von ihr machen kann. Nicht um Reformen geht es, sondern um eine neue Basis und eine neue Freiheit, die den Menschen befähigen, das, was ist, in den Blick zu bekommen, von den wirklichen Vorgängen sich betreffen zu lassen, die Gabe der Unterscheidung neu einzuüben zwischen dem, was wertvoll und dem, was wertlos ist, um die Sinnlosigkeit des Daseins zu überwinden, die den Menschen an die technischen Errungenschaften ausliefert. Dieser neue Standort ist nur zu gewinnen, wenn er das kontemplative Element in sich kräftigt und aus dem Wesen der Dinge heraus entscheidet[112]). »Ein neues Menschentum muß erwachen, von tieferer Geistigkeit, neuer Freiheit und Innerlichkeit, neuer Geformtheit und Formungskraft. So geartet, daß es das neue Geschehen bereits in der Faser seines Seins und in der Form seines Griffes trägt«[113]).

Die Probleme der Neuzeit werden also durch mehr Technik, aber menschlichere, mehr Wissenschaft, aber geistigere, mehr wirtschaftliche und politische Energie, aber reifere und verantwortungsbewußtere gelöst, dabei ist das einzelne in dem Gesamtzusammenhang zu sehen. »Doch alles das wird erst möglich, wenn der lebendige Mensch sich selbst im Bereich der sachlichen Natur zur Geltung bringt. Wenn er sie auf sich bezieht, und so erst wieder ›Welt‹ schafft«[114]). Konkret heißt dies, daß sich der Schwerpunkt vom Denken zum Schauen zu

---

[111]) Guardini, 1975, 42.
[112]) Vgl. ders., 1965a, 11; ders., 1955e, 21.
[113]) Ders., 1927, 96.
[114]) Ebda., 96.

wandeln hat; vom Begriff hin zum konkreten Gegenstand. Die Probleme sind in ihrer ganzen Wirklichkeit zu erfassen, dann erst kann das Denken – ein regeneriertes – wieder einsetzen, das die komplexe Wirklichkeit mit einbezieht. Diese kommende Epoche sieht also wieder mehr das Konkrete, den Menschen und die Gemeinschaft. Sie erfaßt die verschiedenen Bereiche in ihrer Eigenart und stellt eine Beziehung zwischen konkreten Dingen her, d. h. zwischen einem lebendigen Subjekt und einem eigenbestimmten Objekt. Diese neue Denkart offenbart sich in besonderer Weise in dem phänomenologischen Grundsatz, wonach von den verschiedenen Seinsgebieten bestimmte Erkenntnishaltungen des Subjekts gefordert werden, so daß ein Gegenstand erst dann wirklich und voll erfaßt wird, wenn das Subjekt ihm gegenüber die entsprechende Haltung einnimmt und die Denkarbeit erst dann richtig durchgeführt werden kann, wenn diese Einstellung fortdauert[115]).

Was ist nun die Nachneuzeit? Hier kommt Guardini zu einer entwaffnenden Inhaltsbestimmung, die dem oben Explizierten widerspricht, und die Vermutung nahelegt, daß er nie in seinem Denken über die Neuzeit hinausgekommen ist, geschweige denn, richtungsweisende und originelle Elemente in die Diskussion eingeführt hat. Nach ihm ist die Nachneuzeit jenes Dasein, in welchem der Mensch fähig ist, seine Herrschaft über die Welt zu ihren letzten Konsequenzen zu führen, indem er nach Belieben seine Ziele setzt, die unmittelbare Wirklichkeit der Dinge auflöst und ihre Elemente zur Verwirklichung seiner Ziele verwendet, ohne Rücksicht auf irgendwelche Unantastbarkeiten, wie sie sich aus dem früheren Menschen- und Naturbild ergeben mochten[116]). Hiermit plädiert Guardini für eine bewußt-vollzogene Autonomie, die keiner Bindung an eine höhere Instanz bedarf. Dies widerspricht seinen sonstigen Aus-

---

115) Vgl. Guardini, 1941, 116; ders., 1923c, 47 f.

116) Vgl. ders., 1950a, 90.

sagen über die Bedeutung des Transzendent-Absoluten für den Menschen und seinen Handlungen. Gerade diese Vernachlässigung hat er der Neuzeit immer zum Vorwurf gemacht. Guardinis Intention war es, dem Menschlich-Wesentlichen zum Durchbruch zu verhelfen. Darunter verstand er den Menschen als Person mit seinem gesamten Wesen. Dieser Mensch weiß und bejaht, daß der Sinn der kommenden Kulturepoche nicht Wohlfahrt, sondern Herrschaft ist. Darunter versteht er die Erfüllung des Auftrages, den das Transzendent-Absolute in das Wesen des Menschen gelegt hat. Dieser Mensch setzt Nutzen, Sicherheit und Wohlfahrt an die zweite Stelle, an die erste die Größe der kommenden »Weltgestalt«. Er ist sich der Gefahr bewußt, in der er sich befindet, und er handelt im Bewußtsein der Verantwortung für die Welt. Er lehnt den Optimismus des Fortschrittsglaubens ab und weiß die Welt in Freiheit, deshalb empfindet er auch Verantwortung für sie. Er hat ein Gefühl für Disziplin und versucht, Autorität aufzubauen, die die menschliche Würde achtet, Ordnung schafft und in der die Person leben kann. Er lebt die Askese und hat eine religiöse Grundhaltung, die sein Denken bestimmt[117]).

Guardini ging es mehr um die Veränderung der geistigen Haltung des Menschen als um die Ankündigung einer neuen Epoche. Diese erwartete und erhoffte er sich dann durch den verwandelten Menschen. Verglichen mit den Charaktereigenschaften des modernen Menschen erscheint dieser von Guardini beschriebene Weg eher eine seltene Ausnahme zu sein.

Wie kann die Kultur der Zukunft neu gestaltet werden und wie sieht diese aus? Für Romano Guardini kann es nur zu einer anderen Kultur kommen, wenn eine neue, eine »richtige« Gesinnung entsteht, die der der Großen der Geschichte gleicht, nämlich der Entsagung und der Selbstaufopferung, und die der Situation angemessen ist. Diese Gesinnung hat die Vorstellung

---

117) Vgl. Guardini, 1970a, 716; ders., 1965a, 95 ff.

zu überwinden, die verschiedenen Kultursachbereiche seien autonom, da das menschliche Dasein ein Ganzes bildet. Es hat sich weiterhin die Überzeugung zu bilden, daß keine unabwendbare Notwendigkeit besteht, weiterzumachen. Die Theorien über die Notwendigkeit der kulturellen Prozesse hält Guardini für eine »mörderische Unwahrheit«, hinter der die Absicht steht, von der Verantwortung zu entlasten. Die Gesinnung hat davon überzeugt zu sein, daß man den Tendenzen, die in einer Kulturepoche zum Ausdruck kommen, widerstehen kann, sobald man dies wirklich möchte. Dieses Verhalten benötigt aber einen Beziehungspunkt, auf den hin die Kulturmomente bezogen werden müssen. Das aber ist die richtige Vorstellung vom Menschen, was er ist, was er für Ziele hat und wie er in Beziehung zum Dasein steht. Dieser Mensch ist souverän und seine Sorge gilt dem Gelingen des menschlichen Lebens. Diese Haltung hat auf einem Bewußtsein zu beruhen, das sich von dem zerfallenden Autonomiebewußtsein der Neuzeit freigemacht hat. Ein solches Bewußtsein muß wirkkräftig und echt sein, wenn die neue Epoche, die durch Wissenschaft und Technik geprägt sein wird, gelingen soll[118]).

Dieser Haltung, einer Art neuer »kultureller Regierungskunst«, liegt eine Ganzheitsschau zugrunde. Konkret bedeutet das, daß das Ganze des Daseins, das Leben und Werk des Menschen, neu zu sehen ist. Wie sieht dieses Handeln aus? Es will keinen Erfolg haben, sondern richtet sich nach Werten aus. Es ist auf schöpferisches Tun ausgerichtet, das aus dem Wesen des Menschen erwächst und zwecklos ist, in Wahrheit aber zweckmäßig. Dieses Wesen des Menschen bedarf des kontemplativen und meditativen Elements, damit der Mensch aus seiner inneren Mitte handeln kann. Dabei geht es nicht um ein spezifisch religiöses Verhalten, sondern um etwas, das Guardini »Kultur-Meditation« nennt. Der Mensch hat absolute Positionen zu

[118]) Vgl. Guardini, 1962a, 243; ders., 1954, 31 ff; ders., 1970d, 729.

beziehen, damit er sich im kulturellen Bereich ein Urteil bilden kann, das er aufrecht erhält und durchsetzt[119]).

Denn es geht nicht nur darum, seine Pflicht zu tun, sondern primär darum, daß es mit der Welt und dem Menschen gut werde. Konkret heißt dies, daß der Mensch den Willen des Transzendent-Absoluten in der Welt verwirklicht. Je besser er dies tut, desto größer wird seine Verantwortung.

In der nachneuzeitlichen Epoche hat der Mensch sowohl die Kontrolle über die Kräfte der Natur als auch über die Macht. Es wird keine Aufspaltung der Welt in einen wertfreien Raum und in ein machtfreies Kulturbewußtsein mehr geben. Aufgrund einer anderen Gesinnung wird es gelingen, die Macht zu beherrschen und den Menschen wieder in sein ursprüngliches Verhältnis zum Transzendent-Absoluten zu setzen.

Guardini nimmt bei der Bestimmung der Nachneuzeit auf Werte wie Freiheit, Verantwortung, Würde und Askese Bezug und versucht, diese wieder ihrer wahren Inhaltsbestimmung zuzuführen. Gerade diese Werte wurden auch von den Vertretern der Neuzeit als typisch neuzeitliche Errungenschaften gepriesen. Ist Guardini vielleicht doch einem Mißverständnis über die Neuzeit zum Opfer gefallen, oder bemüht er sich nur, diese Werte wieder an ihre originäre Quelle, nämlich die Offenbarung, anzubinden? Es ist Helmut Kuhn zuzustimmen, daß erst durch die Umkehr die Bejahung der Neuzeit ihren wahren Gehalt gewinnt. Die zu vollziehende Wendung kann und soll vollzogen werden im Rahmen des ›Richtigen‹ der neuzeitlichen Begriffe. Die Wahrheiten der Neuzeit müssen anerkannt, aber ihrer entstellenden Deutung entrissen werden[120]).

Guardini wollte in diesem Sinne Neuzeit als Nachneuzeit

---

119) Vgl. Guardini, 1977b, 495; ders., 1962a, 32; ders., 1923, 86; ders., 1958b, 39 ff.

120) Vgl. Kuhn, 1961, 87.

verstanden wissen. Er erwartete durch eine Katharsis des einzelnen eine Revolutionierung der Neuzeit und damit den Anbruch einer neuen Epoche. Er nannte sie die ›Kommende‹ oder Nachneuzeit. Er stellte nicht so sehr eine Diagnose der Gegenwart, sondern hat die Entfremdung des einzelnen in einer säkularisierten und arbeitsteiligen Massengesellschaft im Auge. Deshalb ist Helmut Kuhn zu folgen, daß die Grenze zwischen Neuzeit und nach-neuzeitlicher Entwicklung für Guardinis Denken nicht zu sehr betont werden sollte[121]).

Zusammenfassend kann festgestellt werden, daß sich Guardinis Kritik der Neuzeit auf den Abfall des Menschen vom Transzendent-Absoluten konzentriert. Dies fand seinen Ausdruck in der Autonomsetzung des Subjektes. Guardini sieht sie als das Grundübel der bisherigen gesellschaftlichen Entwicklung an. Die Gesellschaft hätte sich also in anderer Weise entwickeln können als sie es tat. Bei dieser Argumentationsweise fühlt man sich an die These Theodor W. Adornos erinnert, nach der der Ursprung der Geschichte eine irrationale Faktizität darstellt und damit irrational ist. Daraus folgert er, daß die Geschichte so nicht hätte zu sein brauchen[122]). Ähnlich argumentiert Guardini in bezug auf die Autonomie, die eine Entwicklung eingeleitet hat, die so nicht hätte verlaufen müssen. Berechtigt ist die Warnung Eugen Bisers vor einer distanzlosen Repetition Guardinis, die sich lückenlos in das »Konzept der zeitkritisch-restaurativen Strömung« einfügt und die spontane Zustimmung der Zeitkritiker findet[123]). Dabei ist jedoch darauf hinzuweisen, daß Guardinis Zeitkritik nach wie vor in bezug auf die technische Entwicklung und ihre Folgen hoch aktuell ist.

Manche seiner Argumente haben auch eine Affinität zur Kritischen Theorie und zum Neomarxismus, ohne damit unter-

---

121) Vgl. Kuhn, 71.
122) Vgl. Adorno, 1970, 315.
123) Vgl. Biser, 1985b, 442.

stellen zu wollen, daß sich Guardini ansonsten mit den Zielen dieser Richtung identifiziert hätte. Eine besondere Übereinstimmung besteht mit Karl Jaspers Technikkritik.

Guardinis Vorstellung von einer Überwindung der Neuzeit wurde schon zu seinen Lebzeiten heftig kritisiert. Dies ist auch berechtigt, da seine Vorschläge sich bis dato nirgends materialisiert haben. Ob heute überhaupt noch verstanden wird, was er mit der Personkonzeption als Ausweg aus der Entwicklung gemeint hat, darf bezweifelt werden.

Inwieweit hängen Romano Guardinis Neuzeitkritik mit seiner Staats- und Gesellschaftskonzeption zusammen? Welches sind die zentralen Kritikpunkte seiner Gesellschaftskonzeption und wie sieht für ihn die ideale Gesellschaft aus? Dies ist im folgenden zu beantworten.

III Die Staats- und Gesellschaftskonzeption Romano Guardinis

Romano Guardinis Staats- und Gesellschaftskonzeption kann nur auf dem Hintergrund seiner Ablehnung der Autonomie des Menschen adäquat verstanden werden. Die Autonomie gegenüber dem Transzendent-Absoluten wird für ihn zur bestimmenden Haltung des neuzeitlichen Menschen. Quelle alleiniger Autorität und Herr über sein Dasein ist der Mensch selbst. Diese Haltung beeinflußt sein Verhalten gegenüber Staat, Gesellschaft, Politik, Wissenschaft und allen anderen Kultursachbereichen. Die Quelle der Gewißheit liegt im Menschen.

Diese Autonomie läßt sich jedoch in der Wirklichkeit nirgends durchhalten, da der Mensch ständig an seine Grenzen stößt und von anderen abhängig ist. Die Loslösung vom Transzendent-Absoluten sowie die Negierung jeglicher Transzendenz überhaupt, führt nicht zur Befreiung des Menschen, sondern zu seiner Abhängigkeit von sich selbst. Die beschworenen Kräfte der Autonomie beginnen sich gegen ihn zu wenden. Der Mensch gerät immer mehr in ein Gehäuse der Hörigkeit, wie es Max Weber nennt, das totalitärer ist als alle bisher dagewesenen Staatsformen.

Gibt es ein Entrinnen aus der Selbstversklavung des Menschen? Welche Rolle spielen dabei Staat und Gesellschaft? Wie hat eine adäquate Staats- und Gesellschaftsordnung auszusehen, die die Freiheit des Menschen garantieren kann? Guardini versucht, diese Fragen durch seine staats- und gesellschaftspolitischen Vorstellungen zu beantworten.

Bevor jedoch die Staats- und Gesellschaftskonzeption dargestellt werden, ist es nötig, auf eine weitere Dimension der Autonomiefrage einzugehen:

1 Die Autonomie als Wurzel des Totalitarismus

Wie bereits im zweiten Kapitel aufgezeigt worden ist, ist die Autonomie für Guardini das charakteristische Merkmal der Neuzeit. Daneben wird sie von Guardini auch für die Entstehung des Totalitarismus verantwortlich gemacht. Hier sind jedoch Vorbehalte gegenüber der undifferenzierten Verwendung des Autonomiebegriffs geltend zu machen.

Der Autonomiebegriff im philosophischen Sinne unterscheidet sich vom Autonomiebegriff im politisch-rechtlichen Sinne, obwohl auch in der Umgangssprache Autonomie das Recht auf Eigenbestimmung meint. Im juristischen Sinne ist es die Freiheit von der Unterordnung unter eine fremde »Rechtssetzungsgewalt«.

In der Rechtssprache hat Autonomie näherhin mehrere Bedeutungen. Privatrechtlich ist sie Privatautonomie, d. h. die Anerkennung des Individualwillens. Öffentlich-rechtlich bedeutet sie die Autorität, Recht zu setzen. Völkerrechtlich ist sie die Fähigkeit, Rechtsnormen aufzustellen.

Autonomie mit Selbstbestimmung zu übersetzen, ist juristisch bedenklich, da immer individuell festgestellt werden muß, wie weit die Selbstbestimmung gehen darf. Ebenso bedeutet Selbstbestimmung völkerrechtlich nur Souveränität[1]).

Daß, wie Guardini meint, die Autonomie in ihrer letzten Konsequenz auf politisch-gesellschaftlichem Gebiet in Totalitarismus umschlägt, dürfte geschichtlich nicht haltbar sein. Wie entstand überhaupt das Phänomen des Totalitarismus? Der Totalitarismus ist eine Erscheinung des 20. Jahrhunderts. Er setzte sich politisch nach dem Ersten Weltkrieg durch und war eine Antwort auf die verwirrenden politischen, sozioökonomischen und geistigen Konsequenzen der Krise Europas. Seine

---

[1]) Vgl. Kimminich, 1980, 205 ff.

politische Ausformung fand er im Kommunismus und Nationalsozialismus sowie in abgemildeter Form im Faschismus.

Charakteristische Merkmale des Totalitarismus sind die Einheitspartei, eine einheitlich-offizielle Ideologie, die staatliche Kontrolle der Ökonomie und die vorgebliche Identität von Regierung und Regierten. Durch die Massenkommunikationsmittel ist dem Staat die absolute Kontrolle über seine Bürger garantiert. Es werden keine Alternativen zugelassen, so daß es zur Aufhebung der Unterschiede zwischen Individuum, Gesellschaft und Staat kommt[2]). Somit ist Autonomie im Totalitarismus eine contradictio in adjecto.

Für Guardini sind neuzeitliche Autonomie und nachzeitlicher Totalitarismus zwei Seiten der gleichen Medaille. Die Ursache für den Totalitarismus liegt im Verhältnis des Menschen zum Transzendent-Absoluten und damit im Verhältnis zu sich selbst.[3]).

Der Totalitarismus wird für Guardini in dem Maße möglich, als im einzelnen der Wille zum Unbedingten nachläßt. Vor dieser Art der Entwicklung warnt er durch Erinnerung an die Offenbarung und die durch sie legitimierten Werte. Lehnt der Mensch das Transzendent-Absolute ab, stellt er sich letztendlich gegen die Freiheit. Deshalb kann Guardini konstatieren, daß die Tyrannei des Staates und die Schwäche des personalen Kerns im Menschen zwei Seiten der gleichen Tatsache sind[4]). Skeptisch ist Guardinis Hinweis auf die Offenbarung zu beurteilen, da sie heute nicht konsensfähig oder überhaupt kommunikationsfähig ist. Daneben gilt es festzustellen, daß nicht alle heute tragenden Werte durch die Offenbarung begründet worden sind.

Als der Mensch versucht hat, sein Dasein aus sich selbst zu

---

[2]) Vgl. Bracher, 1980, 3065 ff.

[3]) Vgl. Guardini, 1977b, 72.

[4]) Vgl. ders., 1954, 24.

begründen, hat er sich nach Guardini in seiner Existenzkraft überbeansprucht. Die Wirkung war ein Umschlagen in das Gegenteil der Autonomie, nämlich in die radikale Heteronomie. Sie behauptet, das Menschliche realisiere sich überhaupt nicht in der Einzelperson, die sich frei entscheiden kann, sondern in der Gesamtheit des Staates. Daher ist Träger der menschlichen Freiheit nicht der einzelne, sondern der Staat. Bei ihm liege die Verantwortung für das Menschliche. Die Rechte des einzelnen gegenüber dem Staat sind sekundär. Diese Vorstellung vom Menschen bildet die genaue Antivalenz des Autonomiegedankens. Der autonome Mensch auf der einen und der totale Staat auf der anderen Seite sind zwei korrespondierende Weisen, wie das Menschliche verfehlt wird[5]).

Zurecht weist Guardini hier auf den Widerspruch zwischen Autonomie und totalem Staat hin. Beide werden dem Wesen des Menschen nicht gerecht; sie sind deshalb Irrwege der Entwicklung. Sowohl Liberalismus, der die Eigenständigkeit des Individuums gegenüber dem Staat überbetont, als auch der Kollektivismus, der das Individuum in der Totalität des Staates aufgehen läßt, versagen bei der Befriedigung menschlicher Bedürfnisse.

Durch die Loslösung des Menschen vom Transzendent-Absoluten glaubt der Mensch zu sich selber finden zu können. Diese Annahme machen sich nach Guardini die totalitären Staaten zu nutze und liefern den Menschen an die »Es-Mächte« aus, d. h. die Natur, die Gesellschaft und den Staat. Indem die Person angetastet wird, wird der totalitäre Staat vorbereitet. Nimmt man also der Person ihren letzten Beziehungspunkt und setzt an diese Stelle die Natur oder den Staat, wird der Mensch dem Willen des Staates preisgegeben. Der Autonomismus des neuzeitlichen Staates, der bis vor einiger Zeit noch von bewußten oder unbewußten Ehrfurchtshaltungen vor dem Menschen bzw. einer transzendenten Hoheit geregelt war, wirft alle Hemmun-

---

[5]) Vgl. Guardini, 1977b, 198 f.

gen ab und entscheidet über das Unantastbare, das Recht des Menschen zu existieren. Der totalitäre Staat versucht, die Religion zu eliminieren, um so die volle politische, ökonomische, soziologische, pädagogische und kulturelle Macht über das Volk zu erringen. Die Religion stellt für den Menschen den stärksten Halt gegenüber den Repressionen des totalitären Staates dar, der durch Einschüchterungen und Verfolgungen versucht, das Seelenleben des einzelnen zu zerstören[6]). Totalitäre Staaten versuchen, im Menschen den Sinn für die Wahrheit zu zerstören. Ihre Absicht ist, das geistigpersonale Zentrum seines Wesens zu brechen. Abschließend stellt Guardini fest, daß es zur totalitären Diktatur nicht hätte kommen brauchen, wenn der Mensch sich nicht vorher jahrhundertelang suggeriert hätte, er sei autonom, nicht vom Willen des Transzendent-Absoluten getragen[7]).

Die letzte These Guardinis, daß der Autonomiewille der Grund für den Totalitarismus sei, ist kritikbedürftig, weil der Totalitarismus moderner Provenienz erst eine Erscheinung des 20. Jahrhunderts ist. Dagegen vertritt Kurt Sontheimer die These, daß es die »Politisierung des Irrationalen« gewesen sei, die eine Form des Totalitarismus, nämlich den Nationalsozialismus hervorgebracht hat. Es ist zu einfach, die gesamte Geschichte aufgrund des Abfalles des Menschen vom Transzendent-Absoluten zu interpretieren, da dies prinzipiell einen Determinismus impliziert. Eine solche Auffassung widerspricht der Freiheit des Transzendent-Absoluten.

Andererseits ist Guardinis Auffassung zuzustimmen, daß durch die Antastung der Person das Lebensrecht des Menschen eingeschränkt wird. Der Mensch ist nach ihm nur Person, weil das Transzendent-Absolute personalen Charakter hat. Wird dies geleugnet, ist dem Staat der Zugriff auf den Menschen und seine Würde gegeben. Dies beweist nicht nur die menschenver-

---

[6]) Vgl. Guardini, 1958, 144; ders., 1952d, 19.

[7]) Vgl. ders., 1977b, 459 f.

achtende Politik der kommunistisch-totalitären Staaten, sondern auch die liberal-demokratischer Länder, in denen die Abtreibung ungeborenen Lebens gesetzlich sanktioniert ist. Sollte es nur noch eine Frage der Zeit sein, bis die Euthanasie gesellschaftlich akzeptiert wird? Die ersten Ansätze sogenannter »aktiver Sterbehilfe« sind gemacht.

Eine Gesellschaft droht zu pervertieren und zum Sinnersatz zu werden, wenn die gescheiterte autonome Subjektivität das Projekt der Autonomie an eine Gemeinschaft, sei es die Gesellschaft, sei es der Staat, zur Ausführung delegiert. Der Augenblick dieser Selbstaufgabe im Namen der Autonomie ist der Augenblick des Totalitarismus[8]).

---

[8]) Vgl. Schmucker-von Koch, 1985, 161.

2 Staat und Gesellschaft als personale Gemeinschaft

Staat, Gesellschaft und Gemeinschaft sind Begriffe, die sowohl in der Politikwissenschaft als auch in der Soziologie zentrale Bedeutung haben. Unter Staat wird eine Herrschaftsordnung verstanden, durch die ein Volk auf abgegrenztem Gebiet durch hoheitliche Gewalt zur Wahrung gemeinsamer Güter und Werte verbunden ist. Der Begriff Staat als Herrschaftsform wird nur auf die politischen Gebilde der Neuzeit angewandt. Ein Wesensmerkmal des Staates ist die Macht. Im demokratischen Staat beruht die Macht auf der freien Annahme und Mitwirkung der Bürger. Die Erhaltung der Selbständigkeit und der Freiheit des Menschen trotz aller Interdependenz und Determinismen sind staatlicher Auftrag.

Gesellschaft ist der alles umfassende Begriff für das menschliche Zusammenleben. Damit kann einerseits eine räumlich und zeitlich geschlossene Gruppe gemeint sein, andererseits kann es aber auch allgemein alle Gruppenbildungen bedeuten.

Unter Gesellschaft kann man aber auch eine Form der Vergesellschaftung verstehen. Dieser von Ferdinand Tönnies geprägte Begriff versteht Gesellschaft als einen Zusammenschluß, der verstandesmäßig-willkürlich auf einen Zweck oder Interesse hingeordnet ist.

Davon unterscheidet sich die Gemeinschaft durch ihre naturverwachsene Einheit von Menschen, die durch Verwandschaft, Geschichte und gemeinsame Tradition verbunden sind.

Wie versteht nun Romano Guardini Staat, Gesellschaft und Gemeinschaft? Welches sind die Ziele und welches ist für ihn die ideale Organisationsform für das menschliche Zusammenleben?

2.1 Grundlegung und Funktion des Staates

Seit der Renaissance beanspruchen die Staaten eine Souveränität, die sie nur an das von ihnen selbst gesetzte Recht bindet. Sie richteten sich an der Idee der Staatsräson aus, die darauf hinauslief, den Staat als absoluten und höchsten Selbstzweck zu sehen. Die christliche Soziallehre widerspricht einer Staatsvergottung, Staatsomnipotenz mit absoluter Souveränität, absolut verstandener Staatsräson und dem Monopolanspruch des Staates auf Rechtserzeugung oder Rechtszwang.

Für die christliche Gesellschaftslehre gibt es keine gottgewollte Staatsform, sondern die Völker sind befugt, diejenige Staatsform zu wählen, die ihnen als adäquat erscheint; sie muß aber der Gerechtigkeit und dem Gemeinwohl Genüge tun[9]). Deshalb kann Thomas von Aquin schreiben, daß die Verschiedenheit der Staaten aus der Verschiedenheit der Ziele oder von den verschiedenen Arten her stammt, auf ein gleiches Ziel hinzustreben. Weil die Menschen verschiedene Ziele und verschiedene Wege wählen, um zum gleichen Ziel zu gelangen, begründen sie verschiedene Lebensgemeinschaften und infolgedessen verschiedene Staaten. Die Verschiedenheit in der Einheit gehört zum Gedankengut christlichen Staatsdenkens.

Romano Guardini steht mit seiner Staatsauffassung in der Tradition der christlichen Staatsidee. Ebenso ist sein Denken von Elementen der christlichen Gesellschaftslehre beeinflußt.

Nach der christlichen Staatsidee haben Staat und Gesellschaft in der Person des Menschen als »Ebenbild Gottes« Ursprung und Ziel. Zwischen Staat und Person besteht ein bedingender Zusammenhang. Dies heißt, daß der Staat der Zustimmung der Bürger bedarf, wohingegen die Bürger vom Staat verlangen, daß sie ihre Persönlichkeit entfalten können. Bei der Schöpfung des

---

[9]) Vgl. Nell-Breuning, in: Forster, 1958, 250.

Menschen wurde der Staat quasi mitgeschaffen, d. h. Aussagen über das Wesen des Staates sind nur als Aussagen über das Wesen des Menschen möglich. Weil der Mensch mit Aristoteles ein zoon politicon, ein animal rationale ist, ein von Natur aus zur Gemeinschaft bestimmtes Wesen, ist die bürgerliche Gesellschaft in der menschlichen Natur verwurzelt. Somit beruht die Würde aller, des Staates und der Person, letztendlich im Transzendent-Absoluten. Die staatliche Gewalt ist damit Ausfluß des Transzendent-Absoluten Willens.

Dieses Gedankengut kommt in Guardinis Staatsauffassung explizit zum Ausdruck, wenn er dem Staat Hoheit[10]) zuspricht. Solche Hoheit hat wesenhaft nur das Transzendent-Absolute. »Der Staat hat Gottes Majestät zu vertreten in den Dingen des natürlichen Lebens«[11]). Die staatliche Hoheit wird aus »Gottes Gnaden« begründet, d. h. sie vertritt das Transzendent-Absolute und ist irdisches Abbild seiner absoluten Autorität. Der moderne Staat aber versucht, seine vom Transzendent-Absoluten verliehene Hoheit in eine göttliche umzuwandeln und in die religiöse Sphäre der Person vorzudringen. Die Hoheit des Staates besteht aber nur darin, daß er Stellvertreter des Transzendent-Absoluten im Natürlichen und Rechtlichen ist. Der Staat versucht jedoch, diese Hoheit als ursprüngliche und absolute zu begründen[12]).

Guardini vertritt damit die religiöse Staatsidee, die den Staat auf göttliche Einsetzung zurückführt. Der Staat wird als Teil der Schöpfungsordnung betrachtet. Bis zur Aufklärung dominierte die religiöse Auffassung des Staates. Mit der Aufklärung dringt

---

10) Guardini versteht unter Hoheit den Himmel. Vordergründig ist er der Raum der Gestirne; dahinter steht die absolute Ordnung der Welt, die sich auch im Staat ausdrückt. Mythische Weltordnung, sittliche Lebensordnung und politische Staatsordnung gehen für das alte Bewußtsein in eins (vgl. Guardini, 1953c, 393).

11) Guardini, 1924b, 114.

12) Vgl. ebda. 114ff.

die rationale, säkularisierte Staatsidee entscheidend vor. Der aufgeklärte Absolutismus wie die demokratisch-liberale Staatsauffassung der bürgerlichen Epoche begreifen den Staat als unabhängige Größe gegenüber dem religiösen Bereich. Die religiöse Staatsidee wirkte demnach bis ins 19. Jahrhundert fort, z. B. in der politischen Romantik, der Restaurationsphilosophie und dem preußischen Konservativismus.

Neben der Funktion der Hoheit hat der Staat für seine Bürger dazusein. Er hat den einzelnen bei solchen Aufgaben zu unterstützen, die er nicht allein vollbringen kann. Auch hat ein Solidaritätsbewußtsein zwischen Staat und Bürger zu herrschen[13]). Hier kommen bei Guardini Prinzipien der christlichen Soziallehre zum Ausdruck. Im einzelnen vertritt er den Gedanken der Subsidiarität und Solidarität.

Außerdem hat der Staat eine Ordnungsfunktion, da jede Gemeinschaft der Ordnung bedarf. Ordnung bedarf aber der Autorität. Sie kommt nicht aus eigenem Antrieb, sondern vom Transzendent-Absoluten. Ebenso beruht der Staat auf Sittlichkeit; er schützt sie, soweit sie in der Öffentlichkeit zur Geltung kommen soll, aber er vertritt sie nicht. Verschwindet die transzendente Überhöhung des Staates und sieht man nur noch seinen öffentlichen Nutzen, dann stirbt der Staat. Die Folge ist, daß die wirtschaftlichen Zwecke immer stärker in den Vordergrund treten[14]).

In der Tat ist der Staat nicht nur die formalistische Integration von Individuen oder Gruppen, die in bezug auf die Gesellschaft zweckrational und politisch handeln, damit sie Macht über Menschen ausüben, wie es die Formaldemokratie sieht. Der Staat ist vielmehr eine Projektion des ontologischen Seins- und

---

13) Vgl. Guardini, 1968, 153; ders., 1926a, 46.

14) Vgl. ders., 1968, 153 ff.
Guardinis Position und Ansicht über den Staat hat sich im Laufe seiner wissenschaftlichen Tätigkeit nicht verändert. So vertrat er schon 1924 die gleiche Position über den Staat wie 1968.

Wertebestandes des Sozialen ins Organisierende und Organisierte, notwendig um der Rechtsordnung willen, die Gebrauch und Bestand der in und mit dem Sozialen gegebenen Personrechte verlangt. Somit ist der Staat ein Gebilde objektiven Zwecks, und es kommt ihm insofern Wesenhaftigkeit und Werthaftigkeit zu[15]).

Dies macht deutlich, daß der Staat mehr als nur einer formalen Verankerung bedarf. Das hat auch Guardini vertreten. Er stellt eine enge Verflochtenheit des Staates mit der Reich-Gottes-Idee der Offenbarung her. »Was ›Staat‹ ist, der wirkliche, wesensechte, weder ein ›präsenter Gott‹, noch ein ›kaltes Untier‹, weder eine bloße Idee noch eine Sicherheitseinrichtung – das wird erst klar, wenn aus der Offenbarung klar wird, was Reich Gottes bedeutet«[16]). Guardini erteilt nicht nur den Ansichten Thomas Hobbes eine Absage, sondern auch dem »Instrumentalismus« heutiger Provenienz. Dieser sieht im Staat nichts anderes als den Garanten eines politischen Pluralismus, der den Machtprozeß zwischen den verschiedenen Interessengruppen durch bestimmte Institutionen kanalisiert.

Gegenüber der neuzeitlichen Staatsauffassung kannten frühere Epochen die religiöse Begründung der Autorität. Nicht ohne Grund gab es im Laufe der Zeit dagegen Protest. So kann die Französische Revolution als Protest der Vernunft und die russische Oktoberrevolution als Protest des Materialismus gegen die religiöse Begründung des Staates verstanden werden. Was in früheren Epochen[17]) zuviel an mythischen und religiösen

---

15) Vgl. Gundlach, in: Forster, 1958, 16 f.

16) Guardini, 1950d, 124.

17) In der Antike und auch in außereuropäischen Staatsauffassungen trägt der Staat mythischen Charakter; das Gemeinwesen wird als göttlich verstanden. Dabei verfällt der Mensch der im Mythos entgegentretenden Weltmächtigkeit. Auf den Staat bezogen heißt dies, er verfällt religiös dem Staat. Die religiöse Potenz des Staates,

Faktoren zur Legitimation des Staates herangezogen worden ist, hat die Neuzeit[18]) zuwenig. Gerade in atheistisch-totalitären Staaten zeigt sich der Mangel an metaphysischer Begründung. Dort wächst die Bedeutung der Polizei und der Staatssicherheitsbeamten ständig, was ein Zeichen dafür ist, daß die Staatsmacht immer weniger bindend empfunden wird. Zugleich verlangt diese Ordnung vom einzelnen ständig stärkere Opfer und Leistungen. Der Staat dringt immer tiefer in das Leben ein. Eine diffizile Technik ermöglicht eine totale Kontrolle und Erfassung des Menschen. Im Vergleich dazu ist das »dunkle Mittelalter« eine freie und »goldene« Zeit. Das Verhältnis des Bürgers zum Staat wird deshalb zu einem Unverhältnis, weil die Frage nach dem letzten Warum und Wozu immer weniger beantwortet wird. Aus diesem Grunde nimmt auch die unmittelbare Innervation der die Gesellschaft tragenden Akte der Menschen ab. Der

---

die in ihm wie in jeder Weltwirklichkeit ist, da auch er die metaphysische Intensität der Geschaffenheit in sich trägt, diese Potenz ergreift vom einzelnen Besitz und bannt ihn. Eine wesentliche Befreiung, die die Offenbarung bewirkte, besteht in der Brechung dieser Verfallenheit. Der Staat hört auf, die religiöse Gesamtheit des Daseins zu sein. Indem Gott den Menschen auf sich bezieht, gewinnt letzterer die Welt, und ebenso dem Staat gegenüber Freiheit. Dadurch gewinnt sein Verhältnis zum Staat personale Würde und Verantwortlichkeit. Das Verhältnis wird personal. Der einzelne steht dem Staat als Person gegenüber und fordert von ihm, daß er seinerseits den einzelnen als Person sieht. Dies bedeutet eine bis auf den Grund gehende Krise des Staatsverständnisses.

18) In der Neuzeit bildet sich eine Doppeltendenz aus. Einerseits wird der Staat von jeder religiösen Grundlage befreit, andererseits in einen politischen Zusammenhang gestellt. Darin wäre er autonom. Kraft seines Wesens ist er Träger des Rechts und der Macht, befugt, die Ordnung in der Gesellschaft zu garantieren. Die Staatsordnung wie ihre Begründung werden als rein immanent gedacht und neigen ins Funktionalistische. Es kann gefragt werden, ob sich eine Ordnung, ohne eine metaphysische Begründung, überhaupt aufrichten läßt. Der Rationalismus bejaht diese Frage (vgl. Guardini, 1953c, 394 f.).

Staat aber lebt gerade vom Engagement seiner Bürger, denn seine hochtechnisierte Apparatur kann nur aus von selbst wirksamen Impulsen heraus verwirklicht werden. Wo dies nicht geschieht, kommt es zur gesellschaftlichen Stagnation und Apathie der Bürger. Es entstehen Mißtrauen, Überwachung, List und Gewalt.

Guardini kritisiert die neuzeitliche Formel des Staates: »Im Namen des Volkes«. Es ist für ihn nicht einsichtig, wie diese Formel eine Ordnung begründen und die Gesellschaft verpflichten kann. Sein Einwand bezieht sich darauf, daß ›das Volk‹ ja selbst nie spricht, sondern nur eine kleine Anzahl von Personen, die durch ein »problematisches« Verfahren, nämlich die Wahl, bestimmt werden. »Ob sie für das Volk sprechen, muß bezweifelt werden«[19]).

Weiterhin bestreitet er, daß das Volk in der Lage sei, Gesetze zu schaffen, die dem Gewissen verpflichtet sind. Diese Verpflichtung könnte nur zustande kommen, wenn hinter dem Gesetz die Autorität des Transzendent-Absoluten steht. Ist dies nicht der Fall, so haben Gesetze keine verpflichtende Kraft, sondern bilden eine der Allgemeinheit nützliche Regelung, hinter die sich die öffentliche Gewalt stellt, um sich durchzusetzen. Der Staat ist deshalb nur noch ein Zweckgebilde und nicht mehr eine objektiv-gültige Ordnung. Der Staat behauptet sich nur noch durch Gewalt[20]).

---

19) Guardini, 1953c, 396.

20) Vgl. ebda., 397.
Romano Guardini lehnt die Idee des Machtstaates ab, die besagt, daß der Staat eine Institution zur Entfaltung von politischer Macht nach innen und außen ist. Diese Ideen wurden schon von den Sophisten im Altertum vertreten. In der Renaissance wurden sie von Niccolo Machiavelli wieder aufgegriffen. Weiterentwickelt wurden sie von Jean Bodin, der dem Staat unumschränkte Souveränität zusprach, und von Thomas Hobbes, für den der Staat ein ›Leviathan‹ ist, den es durch Konsens zu bändigen gilt, damit der Mensch

Des weiteren wird von Guardini kritisiert, daß man darauf verzichtet, nach dem Staatszweck zu fragen und damit nach dem Zweck der Machtausübung. Es ist für Guardini nicht einsichtig, daß die Macht als etwas Positives angesehen wird, als ein Mittel, um die Einheit des Staates zu wahren und innerstaatlich die Freiheit, den Frieden und das Recht zu sichern.

Indem Guardini Gesetze verlangt, die dem Gewissen des einzelnen verpflichtet sind, und hinter dieser Verpflichtung die Autorität des Transzendent-Absoluten zu stehen hat, lehnt er die Idee des Rechtsstaates ab, der auf Grund der Gesetze und des Staates die Gerechtigkeit verwirklicht und den Rechtsfrieden gewährt sieht, da es sich dabei um positives Recht handelt.

Auf geradezu unverständliche Art und Weise wird eine Verwirrung des modernen Staatsbewußtseins diagnostiziert, das die Existenz des Menschen aufs tiefste bedroht. Schuld daran haben die Theoretiker des Staates, Philosophen, Soziologen und Juristen. Hinzu kommen noch jene, die den Staat vertreten, nämlich Gesetzgeber, Beamte, Politiker und Lehrer.

Aus Guardinis Haltung gegenüber dem Staat und seinen institutionalisierten Verfahrensregeln wird ersichtlich, daß ihn die demokratischen Spielregeln teilweise befremden. Es ist zwar richtig, daß das Volk als Ganzes nie spricht, aber das ist in einer repräsentativen Demokratie auch nicht nötig, da sich in den gewählten Repräsentanten die Stimme des Volkes manifestiert[21]). Die Institutionen des Staates sind auf einen gemeinsa-

---

sich autonom entfalten kann. Auch die moderne Staatslehre sieht den Staat als einen Machtverband. Für Max Weber ist der Staat aber mit legitimer Macht ausgestattet.

21) Guardinis Äußerungen über den demokratischen Staat könnten darin begründet sein, daß er bis zu seinem 60. Lebensjahr in obrigkeitsstaatlichen, pseudodemokratischen und totalitären Gesellschaftsstrukturen gelebt hat. Jedoch ist ihm eine demokratische Gesinnung nicht abzusprechen.

men Zweck hin ausgerichtet. An diesem Maßstab gemessen ist der Staat institutionell, d. h. er hat einen institutionellen Aspekt, ohne seinem Wesen nach Institution zu sein. Denn ein System von Regeln ist wie ein Gefüge von Rechtssätzen abstrakt; es ist abstrahierbar von den Personen, die sich den Regeln fügen[22]). Dies bedeutet jedoch noch nicht, daß ein Staat deshalb inhuman ist. Was geschieht, wenn die, die den Staat bilden, nicht mehr an das Transzendent-Absolute glauben? Für Guardini liegt die Schwierigkeit der Antwort im modernen Subjektivismus, der nicht mehr weiß, was Wahrheit ist. Man ersetzt die Wahrheit durch Meinung, die keinen Anspruch auf objektive Gültigkeit hat, sondern nur eine Funktion psychologischer oder biologischer Voraussetzung ist. Die Wahrheit liegt für ihn darin, daß sie transzendent-absolut ist, und daß staatliche Autorität ihrem Wesen nach nur von ihm her begründet werden kann. Diese Wahrheit kann gesehen werden, und zwar durch einen echten Realismus im Verhältnis zur Welt[23]).

Da Guardini einen Ideal-Realismus vertritt, kann er behaupten, daß der wirkliche Staat durch seine Wesensstruktur auf eine überkörperliche Substanz hindeutet, wie es ein Körper tut. Sie anzunehmen ist nicht zweifelhafte Metaphysik, sondern Realismus. Die wirkliche Struktur des Staates ist von einer transsoziologischen Instanz her bestimmt. Seine Funktionen kommen nur dann richtig in Gang, wenn jene Instanz wirksam wird. Die verpflichtende Autorität des Staates kommt nur zustande, wenn

---

22) Vgl. Kuhn, 1967, 55.

23) Vgl. Guardini, 1953c, 398.
Guardini vertritt hier den Standpunkt der klassischen Metaphysik, nämlich einen »Ideal-Realismus«, nach dem das »allerrealste« Urwesen zugleich das allergeistigste ist und alle anderen, selbst die materiellen Seienden, nach dessen Ideen geschaffen und so von ihrem Ursprung her geistig durchformt und geistig erfaßbar – intelligibel – sind.

die Hoheit des Staates von der Hoheit des Transzendent-Absoluten überhöht wird[24]).

Der Amoralismus des Staates erfährt seine Kritik, da er vom einzelnen im persönlichen Verhalten eine ethische Haltung fordert, von der Gesellschaft aber nicht, weil die Macht und der Nutzen des Staates sein Handeln bestimmen sollen. Dem Staat wird jede Handlung zugestanden, die seinem Zwecke dient[25]). Guardini lehnt diese Unterscheidung zwischen der Moral des Staates und der Moral des Individuums ab. Sie geht auf Hegels Versuch zurück, die Problematik der politischen Ethik zu beseitigen. Die von Hegel erreichte »Harmonie« bestand im »Aufheben« des Individuums durch den Staat. Die »Moralität« des Individuums verkürzte sich vor der »Substanz der Sittlichkeit« des Staates. Im Laufe des 19. Jahrhunderts führte dieser Gedanke zur Aufspaltung der Ethik in eine Staats- und Individualmoral[26]).

Die Aussagen Guardinis über die Grundlagen und die Funktion des Staates sind spärlich. Abgesehen davon, daß er den Staat im Transzendent-Absoluten verankert sehen will, sagt er nichts über die Funktion des modernen Staates. Obwohl Guardini in der Tradition des christlichen Staatsdenkens verwurzelt ist, versteht er den Staat nicht als societas naturalis, perfecta et completa. Das heißt, daß der Staat eine natürliche Gesellschaft ist und seinen Ursprung im Menschen hat, er bedarf aber immer auch des menschlichen Handelns. Da der Staat nicht nur natürlich, sondern auch eine societas perfecta ist, ein Gemeinwesen, dem alle erforderlichen Befugnisse und Machtvollkommenheiten zur Verfügung stehen, ist die Kritik Guardinis an der Macht

---

[24]) Vgl. Guardini, 1953c, 399.

[25]) Vgl. ebda., 402.

[26]) Diese Unterscheidung findet sich durchgängig in den Werken von H. v. Treitschke, H. Scholz und O. Baumgarten (vgl. Schmölz, 1966, 102 ff).

des Staates unberechtigt. Weiterhin ist der Staat societas completa, eine vollständige Gesellschaft. Er ist ein Gemeinwesen, das alle Lebens- und Kulturbedürfnisse seiner Glieder befriedigt und so zur vollen Entfaltung der Persönlichkeit beiträgt. Damit wird dem Staat eine Kultur- und Wohlfahrtspflicht auferlegt. Der moderne Staat ist heute prinzipiell ein Rechts- und Wohlfahrtsstaat. Auch diese beiden Funktionen werden von Guardini kritisiert, da sie seiner Meinung nach nicht zu den primären Aufgaben des Staates gehören.

2.2 Die Aufgaben des Staates

Für Romano Guardini besteht der Staat und seine Aufgabe darin, dem Volk die Handlungsfähigkeit in der Geschichte zu gewährleisten. Dies impliziert Unabhängigkeit, Freiheit, Selbstbestimmung und Sicherheit. Dazu bedarf es einer Staatlichkeit als grundsätzlicher Voraussetzung, da ohne sie keine Handlungsfähigkeit möglich ist. Daneben hat sich die Eigenart eines Volkes in der Staatsform auszudrücken; der Wille des Volkes hat sich in den staatlichen Handlungen und Taten auszuwirken.

Vorrangige Aufgabe des Staates ist es, die Beziehung des Staates zum Transzendent-Absoluten herzustellen, weil sonst auf Dauer ein echtes personales Staatsleben nicht möglich ist. Gelingt dies nicht, so gleitet der Staat zwangsläufig in die Form des Gewaltstaates ab. Über Freiheit und Demokratie zu reden hat nur dann Sinn, wenn man sich klarmacht, wo die Voraussetzungen möglicher Demokratie liegen.

Zweite ebenso wichtige Aufgabe des Staates ist die Behandlung des Menschen als Menschen, d. h. die Aufgabe, den Menschen als Person zu sehen und zu behandeln, da der Staat nicht das Biologische des Organismus oder des Tierstaates ist, sondern eine Ordnung unter den Personen. Die Behandlung des

Menschen als Person ist somit die immanente Aufgabe des Staates. Er hat Freiheit, Würde und Verantwortung zu ermöglichen. Wenn, um dieses zu garantieren, andere Ziele, wie z. B. die Wohlfahrt[27]), nicht erreicht werden können, dann sollen sie eben nicht erreicht werden[28]).

Hier wird ersichtlich, daß Guardini die Prioritäten des Staates wesentlich anders setzt als dies der moderne Staat tut. Ihm geht es speziell um das Verhältnis des Staates zum Transzendent-Absoluten. Daraus leitet sich die Haltung des Staates zum Menschen ab, der als Person zu behandeln ist. Hinter dieser Argumentationsweise steht ein religiöses Anliegen, das in der heutigen Diskussion über die Aufgaben des Staates kein Gewicht mehr hat. Der moderne Staat versteht sich als weltanschaulich neutral. Es gehört nicht zu seinen Aufgaben, sich für diesen oder jenen Glauben zu entscheiden oder einen bestimmten zu vertreten. Die wichtigsten Aufgaben des modernen Staates sind die Herstellung und Erhaltung des inneren Friedens und des Rechtes. Der Schutz des Lebens, der Freiheit und des Eigentums, Abwehr von innerer und äußerer Bedrohung, die Förderung der materiellen Wohlfahrt in Wirtschaft und Sozialleben, die Förderung von Wissenschaft, Kultur und Erziehung.

Obwohl Guardini in der Tradition der christlichen Staatslehre steht, ist ihm die Verbreitung der Wohlfahrt nicht das primäre Anliegen. Die Förderung des Gemeinwohls und der Gerechtigkeit sind nach der christlichen Gesellschaftslehre die wichtigsten Aufgaben eines Staates. Guardini prägt das Schlagwort vom

---

27) Guardini sieht in dem wohlfahrtsstaatlichen Streben das Verlangen des Menschen nach dem verlorenen Paradies. Es soll der Zustand des vollkommenen Daseins unmittelbar aus der Welt heraus, in kontinuierlich fortschreitender Vervollkommnung verwirklicht werden. Ein Staat, der die universelle Wohlfahrt realisieren will, entwürdigt den Menschen und schwächt die Verantwortung des einzelnen (vgl. Guardini, 1977b, 138).

28) Vgl. Guardini 1953c, 400 f.

»Staat in uns«. Konkret heißt dies, daß der Staat in jedem einzelnen besteht und zu leben hat. In dieser Verwurzelung liegt der Grund, ob ein Staatsbewußtsein entsteht oder nicht. Dazu bedarf es des öffentlichen Staates; er hat in jedem einzelnen zu wachsen. Die einzelnen sind aber Personen; so hat ihr objektiver Ganzheitssinn ebenfalls personalen Charakter. Der Staat ist personhaft aufgebaut. Diese Verfaßtheit hat die staatliche Ordnung zu bilden. Durch diese Ordnung gewinnt der Staat den Charakter der Hoheit und Autorität. Diese Ordnung ist keine unter biologischen Individuen oder psychologischen Initiativen, sondern unter Personen. Die Ordnung des Staates wendet sich an das Individuum als solches; sie will vom einzelnen in seine Verantwortung aufgenommen, als Pflicht bejaht und in Freiheit vollzogen werden[29]).

Daß der Staat personhaft aufgebaut ist, kann Guardini nur behaupten, weil er davon ausgeht, daß das Transzendent-Absolute Person ist und der Staat letztlich sein Abbild. Deshalb sind auch die einzelnen Menschen Personen, denen der Staat in Verantwortung übergeben ist. Diese der »irrationalen Staatsidee«[30]) zuzuordnenden Gedanken finden in der heutigen Staatsrechtsdiskussion keine Resonanz. Diese geht vielmehr von einer rationalen Staatsidee aus, worunter verstandesmäßig faßbare Zwecksetzungen verstanden werden. Die Menschen organisieren sich zu einem Staat, um gemeinsam bestimmte Ziele und Zwecke zu erreichen.

Eine weitere Aufgabe des Staates ist es, die staatsbürgerliche Selbstbestimmung des einzelnen zu ermutigen und zu entwikkeln. Zusammen mit den Eltern hat er das sich aus dem Gesamtleben des Volkes erneuernde Leben zu ordnen.

Des weiteren gehört es zur Pflicht des Staates, für eine

---

29) Vgl. Guardini, 1956b, 115; ders., 1977b, 385 f; ders., 1953c, 390.

30) Bei der »irrationalen Staatsidee« ruhen Wesen und Wert des Staates auf religiösen, metaphysischen oder anderen, dem rationalen Denken unzugänglichen Grundlagen.

öffentliche Meinung zu sorgen. Die Politik des Staates wird um so sicherer, je zuverlässiger die öffentliche Meinung in ihm ist, d. h. je genauer die Menschen sehen, was vor sich geht[31]).

Die Vorstellungen Guardinis in bezug auf öffentliche Meinung sind wenig konkret. Es ist davon auszugehen, daß die Bevölkerung sich am Meinungsbildungsprozeß und der Wahl beteiligt. Was die öffentliche Meinung ist, sagt er jedoch nicht. Sie ist kein »Volksgeist«, sondern setzt sich aus den in der Öffentlichkeit wirkenden Kräften und Bewußtseinsinhalten zusammen. An den seiner Meinung nach anders zu setzenden Aufgaben des Staates setzt Guardini seine Kritik am modernen Staat an.

2.3 Kritik des modernen Staates

Der moderne Staat unterscheidet sich in vielen Merkmalen von älteren Herrschaftsformen. Er ist aber zugleich mit den älteren Erscheinungsformen – dem Staat der Antike, des Mittelalters und der Reformationszeit – existentiell verbunden.

Zum Wesen des modernen Staates gehört die Verbundenheit von Recht und Macht. Er ist ein Herrschaftsgebilde, das in seiner permanenten Identität durch die Synthese dieser beiden Elemente konstituiert ist.

Guardini übt eine Kritik am modernen Staat, die eng mit der Kritik des modernen Menschen zusammenhängt, wie bereits aufgezeigt worden ist. Beide haben ihre Ursache im Autonomiestreben. Der neuzeitliche Autonomismus, wonach sich jeder Kultursachbereich aus seinen eigenen Gesetzen aufbaut, führt dazu, daß sowohl die Menschen als auch der Staat rastlos werden,

---

31) Vgl. Guardini, 1962a, 92.

d. h. beide haben keine Zeit mehr, da sie im Sinne von »Zeit ist Geld« ökonomisiert worden sind.

Der Staat beherrscht das gesamte Dasein, hat aber selbst keine Kontrollinstanz über sich. Daraus ergibt sich die Vorstellung, der Staat habe in der Bestimmung des ganzen Lebens freie Hand. Ob diese Handlungsfähigkeit sich als bloße Macht oder aber als sittliche Aufgabe herausstellt, liegt in der Entscheidung des Menschen. Die Vorstellung, der Staat habe keine Norm über sich, sondern handle nach rein politischer Zweckmäßigkeit, hat eine große Verlockungskraft. Dies könnte zur Blindheit werden und eine Staatshaltung entstehen lassen, die scheinbar demokratisch, in Wahrheit aber doch totalitär ist[32]).

Bei der Kritik des Staates hat sich Guardini offensichtlich nicht vom Bild des demokratischen Staates leiten lassen, da dieser den verschiedensten Kontrollen unterworfen ist. Ein Abgleiten in den Totalitarismus ist auf gesetzlichem Wege nicht möglich. Es kann zwar auch im hochtechnisierten Staat totalitäre Ansätze geben, wie z. B. die Herrschaft der Technokratie, die keiner direkten Kontrolle durch das Volk und das Parlament unterworfen ist. Dies hat aber nichts mit totalitären Staatsformen zu tun, wie sie heute existieren und die Guardini als Beispiele dienen.

Weiterhin kritisiert Guardini die Verselbständigung des Staates. Es bildet sich ein Apparat, dessen Funktionär der einzelne ist. Er verliert zusehends die Initiative gegenüber dem Staat und wird zum Werkzeug seiner Zwecke. Die Funktionen des Menschen werden zusehends vom Staat und der Gesellschaft bestimmt. Dadurch entsteht das Gefühl, als ob der Staat durch den einzelnen hindurch funktioniere. Das Ergebnis ist der Übergang von der Mannigfaltigkeit zur Einheit oder Uniformität. So entsteht die Idee des totalitären Staates, der in alle

---

32) Vgl. Guardini, 1962a, 60; ders., 1952d, 25.

Einzelgebiete des Lebens eingreift und über den Menschen und sein Werk verfügt. Der Mensch wird zum Werkzeug degradiert. Somit tritt der lebendige Mensch immer stärker in den Hintergrund, wohingegen der Staatsapparat vordringt. Es kommt zu einer »Menschenbewirtschaftung«, die mit dem Menschen so umgeht wie mit einer Maschine[33]).

Heinz Robert Schlette ist zuzustimmen, wenn er feststellt, daß die Kritik Guardinis am Staat einer Denkweise gilt, die als Positivismus, technokratischer Funktionalismus, heute auch als Strukturalismus bezeichnet werden kann und deren deterministische, den Menschen verplanende und dabei niederdrückende, ›repressive‹ Gewalt er scharf kritisiert hat. Die Kritik gilt eindeutig einem mechanistisch-funktionalistischen, technokratisch-technologischen Positivismus und erst sekundär dem Atheismus[34]).

Guardini kritisiert implizit die Vertechnisierung der Lebenswelt des Menschen durch die Technisierung und Rationalisierung des Staates. Dieses »hindurch funktionieren« bewirkt, daß die Mannigfaltigkeit zerstört wird und die Rationalisierung alle Lebensbereiche erfaßt, was zur Verselbständigung der einzelnen Bereiche führt, so daß sie beziehungslos nebeneinander existieren. Hier besteht eine enge Affinität zur Kritischen Theorie, die diesen Sachverhalt unter dem Gesichtspunkt der Rationalität kritisiert hat. Insbesondere von neomarxistischer Seite vertrat Herbert Marcuse die These, daß die technologische Rationalität zu einer auf rationale Art totalitären Gesellschaft führt[35]). Diese Befürchtung scheint auch Guardini mit seiner »Menschenbewirtschaftung« gehabt zu haben.

Was würde aber eine Umkehrung des Rationalisierungsprozesses und der Rationalität für den Staat bedeuten? Günter

---

33) Vgl. Guardini, 1966, 14; ders., 1977b, 387; ders., 1958, 224; ders., 1965a, 57.

34) Vgl. Schlette, 1970, 270.

35) Vgl. Marcuse, 1984, 173.

Rohrmoser befürchtet ein Abgleiten in den Irrationalismus. Anzeichen für dieses Abgleiten sind in unserer Gesellschaft feststellbar, so z. B. beim Phänomen der »Grünen«. Wenn diese Tendenzen das Projekt der Moderne überwinden, entsteht nicht Fortschritt, sondern Regression. »Diese regressiven Tendenzen erregen tiefe Besorgnis, weil sie eine geistige Konstellation anzeigen, wie sie schon einmal dem Zusammenbruch der Rationalität und der durch sie bestimmten repräsentativen Demokratie vorausging«[36]).

Sowohl technische Rationalität als auch politischer Irrationalismus können dazu führen, daß die Freiheit des Menschen und damit die Demokratie verlorengeht. Sieht Guardini ebenfalls diese Gefahr, und wie stellt sich dann das Verhältnis zur Autorität dar?

2.4 Das Spannungsverhältnis von Autorität, Freiheit und Demokratie

Allgemein bedeutet Autorität Ansehen und Einfluß. Sie verschafft ihrem Träger innerhalb eines Kreises Geltung und bewirkt, daß das Denken oder Tun dieses Kreises beeinflußt wird.

Autorität bildet ein wesentliches Element menschlichen Gemeinschaftslebens. Sie hat ihre Wurzel in der Sozialanlage des Menschen. Da die Gesellschaft aufgrund des menschlichen Wesens eine gestufte Hierarchie mit vielschichtiger Über- und Unterordnung darstellt, zeigt sie Mannigfaltigkeit. Hier setzt nun die Autorität an.

Nicht nur die Vielgestalt der Menschen, sondern vor allem das gemeinsam erstrebte Ziel begründet Autorität. Dabei geht es um

---

[36]) Rohrmoser, 1983, 388.

die institutionelle, gesellschaftliche Autorität. Die mit ihrer Einheit in der Vielheit entstandene Polarität ist wegen der Personwürde des Menschen nicht aufhebbar.

So ist die Autorität wesentlicher Bestandteil jeder geordneten Gemeinschaft. Sie ist in der sittlichen Naturordnung begründet und durch ihre Prinzipien gebunden. Für Papst Leo XIII. bedarf jede Gesellschaft der Autorität. Sie ist wie die Gesellschaft in der Natur begründet und hat daher das Transzendent-Absolute als letzte Ursache. Der Christ erkennt hinter der natürlichen Wesensordnung der Gesellschaft den Schöpferwillen des Transzendent-Absoluten. Für ihn ist jede rechtmäßige Autorität »von Gottes Gnaden«.

Die politische Autorität des Staates ist die umfassendste und höchste Herrschaftsgewalt im Bereich der natürlich-menschlichen Gesellschaft. Überall, wo eine staatliche Ordnungseinheit vorhanden ist, ist die sie tragende und formende Autorität wesenhaft mitgegeben. Das Volk als politische Ordnungseinheit ist ursprünglicher Träger der Staatsgewalt. Weil aber der Mensch mit seiner sozialen Anlage das Geschöpf des Transzendent-Absoluten ist, geht auch die staatliche Autorität auf Schöpfung durch den Transzendent-Absoluten zurück[37]). Die staatliche Autorität gründet somit nicht im Volkswillen als Volkssouveränität, wenn auch ein ausdrücklicher Wille für eine staatliche Einheit vorhanden sein muß. Insofern die Gesellschaftlichkeit des Menschen dem Willen des Transzendent-Absoluten entspricht, ist jede rechtmäßige politische Autorität »von Gottes Gnaden«.

Die Autorität kann demnach niemals in der Machtausübung bestehen. Die Macht kann vielmehr nur der Ausdruck ihrer inneren Hoheit sein. In der neuzeitlichen Staatslehre wird von der Souveränität dieser höchsten Entscheidungsmacht gespro-

---

[37]) Vgl. Röm 13, 1 ff; 1 Petr 2,13 ff; 1 Tim 2,1 ff.

chen. Doch ist sie ihrem Inhalt nach nie absolut, sondern immer an das natürliche wie gesetzte Recht gebunden[38]).

Für Guardini bedeutet Autorität »die sittliche Bindegewalt, die einer zugleich konkreten und ideell-gültigen Instanz innewohnt. Sie verlangt Gehorsam, d. h. jene Form der Befolgung, welche zugleich ideelle Bejahung und konkrete Hingabe ist«[39]). Somit impliziert Autorität Bindung an eine Instanz[40]). Diese Bindung besteht in der Person und der Freiheit des Gewissens. Sie beruht auf einer sittlichen Norm. Wenn also Autorität die Fähigkeit zur sittlichen Bindung einschließt, dann ist sie deswegen auf Freiheit bezogen. Autorität hat demnach in Verantwortung vor dem Transzendent-Absoluten und in der Ehrfurcht vor der Freiheit eines jeden Menschen zu erfolgen[41]). Die Gewähr der sittlichen Bindung gilt jedoch nicht gegenüber jeder Autorität, sondern nur gegenüber der Autorität des Transzendent-Absoluten, d. h. sie hat von »Gottes Gnaden« zu kommen. Somit ist diese Autorität unabhängig davon, ob sie anerkannt wird oder nicht. Sie ruht im Transzendent-Absoluten und ist damit gegenständlich objektiv.

---

[38]) Vgl. Hauser, 1960b, 811 ff.

[39]) Guardini, 1916b, 986.

[40]) Guardini leitet die Autorität vom Transzendent-Absoluten ab. Er knüpft damit an die Tradition an, die von den Kirchenvätern begründet wurde und vom Heiligen Augustinus fortgeführt und ausgebaut worden ist. Guardini steht hier somit in der augustinischen Tradition. Augustinus entfaltet die von der römischen Philosophie vorgedachte Spannung zwischen auctoritas und ratio. Autorität wird bei Augustinus wichtig, da es ihm darum geht, die Wahrheit durchzusetzen, und zwar in bezug auf den Missionsauftrag beim einfachen Volk. Für Augustinus ist Autorität nicht rational begründbar, sondern ein Glaubensakt. Kommt es zu einem Konflikt zwischen Autorität und Vernunft, gebührt der Autorität jederzeit der Vorrang, da sich alle Autorität vom Transzendent-Absoluten ableitet. Diese Position vertritt auch Guardini.

[41]) Vgl. Guardini, 1977b, 412 ff.

Neben dieser sittlich-metaphysischen Komponente gibt es eine menschlich-geschichtliche, die sich in der Familie und im Staat zeigt. Diese Autoritätsträger können letztlich nur dann bestehen und Pflichten für sich in Anspruch nehmen, wenn das Bewußtsein vorhanden ist, daß beide in irgend einem Sinne Träger der Autorität des Transzendent-Absoluten sind. Von daher bekommen sie ihren endgültigen Charakter[42]).

Guardini begründet sowohl die Autorität im allgemeinen Sinne als auch die des Staates und der Familie im Transzendent-Absoluten. Damit steht er in der Tradition katholisch-naturrechtlichen Denkens. Demnach bestimmt der Wille des Transzendent-Absoluten und ordnet das Weltgeschehen. Die Ordnung der Welt entspringt seinem Willen. Die lex aeterna wird bestimmt als Vernunft oder Wille des Transzendent-Absoluten, der die natürliche Ordnung zu bewahren hat und zu zerstören verbietet. Der Mensch hat in seinem Gewissen einen unmittelbaren Zugang zur Gerechtigkeit. Nach Paulus ist den Heiden das Gesetz ins Herz geschrieben und wird von ihrem Gewissen bezeugt. So lehrt auch Augustinus, daß das Transzendent-Absolute das natürliche Gesetz in die Herzen aller Menschen geschrieben hat, die ihrer Vernunft mächtig sind. Diese Ansicht vertritt auch Guardini.

Die Neuzeit dagegen fundiert Autorität nicht mehr im Transzendent-Absoluten, sondern sieht sie als eine weltliche Instanz. Die Autonomie setzt sich durch, die Kultursachbereiche lösen sich aus dem göttlichen Zusammenhang. Damit einhergehend wird die religiöse Erfahrung vom Schöpfertum des Transzendent-Absoluten schwächer, bis es ganz verschwindet. Somit entsteht eine rein immanente weltliche Welt. Der Staat ist dann jene Ordnung, die sich das autonome Volk selbst gibt. Er ist somit die Integration der verschiedenen Funktionen, wie z. B.

---

[42]) Vgl. Guardini, 1921e, 98; ders., 1921g, 119; ders., 1962a, 95; ders., 1916c, 839.

der Sicherheit, der Wohlfahrt, der Kultur etc. Da Guardini im Gegensatz zur Neuzeit die Autorität in der Seinsordnung begründet, liegt darin die Chance der Freiheit und der Ansatzpunkt für jede zu schaffende Veränderung[43]).

Warum und wie hängen Autorität und Freiheit zusammen? Für Guardini sind Autorität und Freiheit keine Gegensätze, sondern bedingen sich wechselseitig, weil beide die Person voraussetzen. Sobald also der Staat nicht mehr auf Freiheit bezogen ist, wird aus ihm bloße Gewalt und Diktatur, die Antwort darauf ist die Revolution. Wer aber das Wesen der Autorität begriffen hat, muß konsequenterweise die Revolution[44]) ablehnen. Diese Einsicht ist nicht Ausdruck einer konservativ-politischen Parteimeinung, sondern Klarlegung einer philosophischen Erkenntnis[45]).

Gewalt in einem Staat entsteht dann, wenn die Freiheit mißachtet und keine oberste Autorität mehr anerkannt wird. Ein totalitäres Regime leugnet die Würde des Menschen und betrachtet ihn als materiell-biologisches Wesen, das es konsequenterweise nicht zu achten braucht. Dann tritt an die Stelle der Freiheit deren Zerrform, die Diktatur[46]).

Indem Guardini eine Beziehung zwischen Freiheit und der Achtung einer obersten Autorität herstellt, spricht er sich für die Würde und Freiheit des Menschen aus. Wo die Freiheit nicht geachtet wird, kann es keinen Frieden geben. Es herrscht

---

43) Vgl. von Balthasar, 1970, 30.

44) Vgl. Guardini, 1977b, 386; ders., 1921e, 98.
Guardini lehnt die Revolution auch deshalb ab, weil die Vergangenheit verleugnet wird und nur die Gegenwart und Zukunft zählt. Das politische Dasein wird neu definiert und die vorhergehende Phase als verbrecherisch verdammt. Die neue Definition wird absolut gesetzt (vgl. Guardini, 1977b, 174).

45) Vgl. Kuhn, 1961, 47.

46) Vgl. Guardini, 1977b, 420.

vielmehr Gewalt, Unterdrückung, Angst und Lüge. Eine solche Gesellschaft ist unfähig zum Frieden. Deshalb kann es Frieden nur mit Freiheit geben.

Was bedeutet nun Freiheit für Romano Guardini? Frei ist der Mensch, wenn er sich selbst gehört, seine Handlung frei setzen kann, wenn er sein Tun und sein Selbst bestimmen kann, d. h. daß der Mensch nicht bloßes Glied in der Reihe von Ursache und Wirkung wird, sondern der bestimmende Faktor des Geschehens bleibt[47]). Dies erinnert an Hegels Freiheitsverständnis, nach dem Freiheit die Geschichte des Zu-sich-selbst-Kommens ist, das im Bei-sich-selbst-Sein kulminiert. Frei ist nach Guardini nur der, in dem der innere über den äußeren Menschen herrscht, Gewissen und Herzensfreiheit über Trieb und Leidenschaft stehen. »Das erst ist die eigentliche Freiheit, die sittliche. Sie macht, daß der Mensch aus seinem tiefsten Kern heraus lebt, dem Gewissen. Daß alles vom Gewissen gelenkt wird und dadurch von Gott. Sie erst macht, daß der Mensch Persönlichkeit wird«[48]). Die sittliche Freiheit ist demnach die höchste Form der Freiheit. Derzufolge hat der Mensch so zu handeln, wie er es für richtig hält, wie es seinem Wesen entspricht. Ob der Mensch jedoch bis zur sittlichen Freiheit vorstoßen kann, hängt davon ab, ob sein Gewissen, »Gottes Stimme in ihm«, die Herrschaft gewinnt, und nicht Trieb, Leidenschaft und Selbstsucht. »Wenn das Gewissen Gott dient und aus dem Willen Gottes alles beherrscht, dann erst ist der Mensch richtig frei«[49]). Ohne den Willen läßt sich Freiheit nicht verwirklichen. Sie ist grundgelegt in der natürlichen Veranlagung und gewährleistet durch die Ordnung der Gemeinschaft. Sie setzt somit Gemeinschaft als konstitutives Moment voraus[50]).

---

47) Vgl. Guardini, 1963b, 101; ders., 1916b, 977; ders., 195b, 90; ders., 1968, 114.

48) Ders., 1968, 114.

49) Ebda., 115.

50) Vgl. ders., 1966b, 9.

Für Guardini kann es Freiheit ohne das Transzendent-Absolute nicht geben. Der Mensch steht ihm in Freiheit gegenüber. So kommt von der Personalität des Transzendent-Absoluten her das Überweltliche in seiner Überweltlichkeit zum Ausdruck. Somit hat der Mensch es zuinnerst mit dem Transzendent-Absoluten zu tun; sein tiefstes Leben ist sein Dialog mit dem göttlichen Du[51]).

Wenn sich Guardini gegen Leidenschaft und Trieb und für das Gewissen und das Innere im Menschen ausspricht, so erinnert dies an Kants »sittliche Selbstbestimmung«.

Romano Guardini unterscheidet vier Formen der Freiheit, nämlich die sittliche, die personale, die christliche und die religiöse.

Das Sittliche ist für Guardini das, was getan werden soll, nämlich das Gute[52]). »Die im eigentlichen Sinne sittliche Handlung hingegen kann überhaupt nur in der Form der Freiheit verwirklicht werden – wobei nicht vergessen werden darf, daß der Freiheitscharakter auch den Gewohnheiten eignet, sofern diese erworben, beziehungsweise nicht verhindert worden sind; ja sogar der unmittelbaren Anlage, sofern der Wille zu ihr Stellung nehmen, sie formen oder gehen lassen, entwickeln oder vernachlässigen kann«[53]). Der Mensch ist verpflichtet, das Gute zu tun, weil das Gute fordert und bindet. Es kommt ihm eine absolute Wertigkeit zu, die sich aus sich selbst begründet. Letztlich ist das Gute im Transzendent-Absoluten begründet, d. h. es ist eines seiner Attribute. Das Bewußtsein, vom Guten gedrängt zu werden, ist immer da. Das Gute ist somit das, was das Leben bewahrt und zur Erfüllung bringt, jedoch nur dann, wenn es um seiner selbst willen getan wird. Das zu verstehen und

---

51) Vgl. Lotz, 1979, 34.

52) Das Gute ist eine Urgegebenheit, die von keinem anderen Wert her bestimmt werden kann, sondern sich durch sich selbst bezeugt und aus sich selbst verstanden wird (vgl. Guardini, 1956b, 52).

53) Guardini, 1956b, 51.

anzuerkennen und zu tun, ist sittliches Verhalten. Aus ihm kommt die Erfahrung der innersten Freiheit. »Die im Gewissen erfahrene Bindung an das Gute begründet Wesen und Würde des Menschen«[54]).

Das Sittliche legt der Freiheit somit die ihm eigene unbedingte Bindung auf, die sich von jeder nur bedingten Bindung grundsätzlich unterscheidet. Diese drückt sich in Wenn-Dann-Verbindungen aus. Wer die unbedingte Bindung bestreitet, raubt dem Sittlichen seine Eigenart oder löscht es aus; das Sittliche steht und fällt mit der unbedingten Bindung. Die Absolutheit der Bindung schließt die Freiheit nicht aus, sondern wendet sich gerade an sie.

Die für das sittliche Handeln kennzeichnende unbedingte oder absolute Bindung kann ihren Grund also nicht im Relativen oder Bedingten haben, sondern weist über die Welt hinaus auf das Absolute, d. h. auf das Transzendent-Absolute. Im Menschen als dem sittlich Handelnden ragt das Transzendent-Absolute herein, oder er nimmt an ihm teil[55]). Guardini hat die Sittlichkeit im Absoluten verankert. Sie kann sich nur in Freiheit realisieren.

In der Beziehung zum anderen Menschen wie auch zum eigenen Selbst entfaltet sich eine weitere Form der Freiheit, die personale. Sie hat eine doppelte Funktion. Einmal in der Gemeinschaft, zum anderen gegenüber sich selbst.

---

[54]) Guardini, 1956b, 58.
Guardini knüpft mit seiner Lehre vom zu verwirklichenden Guten an die Lehre Platons an, der die Freiheit – Polis-Freiheit – als das Sein des Guten bezeichnet. Auch Platon sah das Gute um seiner selbst willen und keines anderen bedürftig. Frei ist der Mensch, weil sein Handeln auf das Gute geht, weil das Gute ihn in seine Autarkie, d. h. Freiheit, bringt. Der Mensch hat sich frei für das Gute zu entscheiden (vgl. Warnack, in: Ritter, 172, 1067).

[55]) Vgl. Lotz, 1979, 45 f.

Die personale Freiheit wird in der Gemeinschaft erfahren, wenn man zum anderen Menschen in ein Verhältnis der Begegnung kommt. Indem der Mensch sich auf einen anderen einläßt, verwirklicht er sich immer mehr. Für Guardini ist die intensivste Form der personalen Freiheitserfahrung die Liebe. Durch das Eingehen auf den anderen, »empfing er aus dessen Hand sein wirkliches Ich«[56]).

Demgegenüber gibt es die Freiheitsform der Einsamkeit. Wenn eine Gesellschaft das ganze Leben bestimmt, wird der Mensch unmündig. In der Herrschaft der Ganzheiten erstickt das persönliche Leben. Für Guardini benötigt der Mensch als Gegenpol zur Gesellschaft das Alleinsein, um zu sich selbst zu kommen. Das menschliche Ich bedarf zur Vollkommenheit immer wieder der Einsamkeit. Sie ist für das Phänomen der Mitte wichtig. Durch die Gesellschaft wird diese Mitte ständig in Frage gestellt. »So wird die Einsamkeit, richtig gelebt, als personale Befreiung erfahren«[57]). Durch diese Einsamkeit wird der Mensch seiner Mitte bewußt, die die Mitte der Welt ist, der Welt des Daseins, worin die Dinge durch die Personen gelebt und verantwortet werden, und nicht die Welt als bloße Summe der Dinge.

Menschsein und personale Freiheit fordern sich somit gegenseitig. Freiheit ist eine Wesensentscheidung für ein Sein, das nicht in sich abgeschlossen ist, sondern sich im Hin-sein auf den anderen verwirklicht[58]). Deshalb sind Freiheit und Bindung keine Gegensätze. Sie werden es nur dann, wenn Freiheit zu totaler Bindungslosigkeit entartet. Aufgrund personaler Freiheit ist der Mensch für die sozialen Beziehungen verantwortlich.

---

[56]) Guardini, 1956b, 47.
[57]) Ebda., 49.
[58]) Vgl. Steinbüchel, 1936, 131.

Der Inhalt der christlichen Freiheit besteht darin, daß der Mensch in das rechte Verhältnis zum Seienden tritt, die Wahrheitskraft seiner Wesensgestalt erfährt, der Sinnmacht seines Wertes gerecht wird und ihm Raum im eigenen Leben gibt. Durch die Offenbarung gelangt der Mensch vor die Allmacht des Transzendent-Absoluten[59]). Indem der Mensch das Transzendent-Absolute erkennt, wird ihm seine eigene Ohnmacht bewußt. Dies hat zu bewirken, daß der Mensch den Trugschluß erkennt, der göttlichen Forderung aus eigener Kraft genügen zu können, das Geforderte selbst leisten zu müssen. Dies ist bereits Freiheit. Das Transzendent-Absolute gibt, sobald es sich zeigt, die Kraft der Aneignung, die Fähigkeit, die gestellten Aufgaben zu erfüllen. Der Mensch ist aufgefordert, sich für die Offenbarung zu entscheiden. Er hat aus dem Glauben zu leben, die »Nachfolge Christi« anzutreten, die Metanoia der Gesinnung und des Denkens und die Umformung des ganzen Lebens und den Seinsgehalt zu vollziehen. Somit ist die christliche Freiheit nichts Fertiges, sondern werdend; sie reicht wie das christliche Dasein ins Eschatologische. »Christliche Freiheit bedeutet also, daß der Mensch Christus zu Gesicht bekommt und in ihm den bis dahin verborgenen lebendigen Gott erkennt; daß er den Anruf vernimmt, glaubend in den Raum Christi hinübergeht und dort der Wahrheit und des Lebens Gottes teilhaftig wird; daß er das alles aus der Gnade des Heiligen Geistes tut, sich vom eigenen Anspruch löst, ebendamit aber ganz er selbst wird. ... Christliche Freiheit bedeutet nichts Magisches oder Übersteigertes, sondern ist durchaus realistisch. Alle Tatsachen der natürlichen Wirklichkeit bleiben; in ihnen wird aber eine neue Realität wirksam, und eine neue Möglichkeit öffnet sich und bleibt offen«[60]). Diese neue Freiheit ist nach Guardini bereits real; sie kann nicht von einem Endzustand erhofft werden; sie ist

---

59) Vgl. Guardini, 1956b, 79.
60) Ebda., 1956b, 87.

durch die Taufe grundgelegt und wächst im täglichen christlichen Leben. Somit kann es ohne das Transzendent-Absolute keine Freiheit geben.

Zu dieser christlichen Freiheit gehört aber auch die gesellschaftliche, weil der Mensch ein Glied der Gesellschaft ist. Insofern ist die christliche Freiheit durch die gesellschaftliche mitbedingt.

Eine andere Befreiung vollzieht sich in der religiösen Erfahrung und im religiösen Akt[61]). Diese Erfahrung ist kein bloßer Erregungszustand, kein gegenstandsloses Fühlen, keine Funktion der Subjektivität, sondern ein echtes Auffassen, durch das der Erfahrende um Bestimmtes weiß. Dieses Bestimmte ist wirklich. Es hat Beziehung zum Welthaft-Wirklichen, obwohl es selbst nicht welthaft ist. Es kann sich mit jedem Wert vereinigen, behält aber seine Andersheit: es bleibt trotz dieser Funktion unergreifbar und unaussagbar. Es kann jedes Seiende zum Mittel des Selbstausdrucks und der Selbstauswirkung machen; indem es das betreffende Seiende erfüllt, entzieht es sich dessen Seins- und Sinngestalt, und indem es sich kundtut, tut es sich als das Unnennbare kund. Es bildet eine Grenze zwischen sich und dem anderen Seienden, so daß der Eindruck entsteht, es sei überhaupt nicht existent[62]).

Die Achtung der religiösen Freiheit kommt aus dem Bereich der christlichen Freiheit und besagt, daß der vom Transzendent-Absoluten geschaffene Mensch dessen Ebenbild ist und von daher eine eigene Würde hat. Er steht mit dem Transzendent-

---

61) Guardini versteht hier religiös nicht im christlichen Sinne, sondern als ein Erleben und Verhalten, welches des Göttlichen im allgemeinen Sinne inne wird und zu ihm Beziehung sucht. Diese Erfahrung kann überall stattfinden und berührt die innerste Tiefe des Menschen, die anders ist als das Irdisch-Welthafte (vgl. Guardini, 1956b, 59).

62) Vgl. Guardini, 1956b, 61 f.

Absoluten in Bezug; dieses hat den Menschen von den Leidenschaften des Bösen befreit. Dies verbindet sich mit den politischen und kulturellen Antrieben und schafft die Freiheitsidee, die die Neuzeit durchwirkt[63]).

Es ist deutlich geworden, daß in Guardinis Freiheitskonzeption Freiheit nicht ohne Autorität zu denken ist. Er leitet die Freiheit von der Autorität des Transzendent-Absoluten ab. Der Mensch besitzt daher keine absolute, sondern eine geschaffene Freiheit. Konkret bedeutet dies, daß er zwischen Freiheit und Unfreiheit angesiedelt ist. Frei ist der Mensch nur geistig, unfrei durch seinen Leib als Glied der Schöpfung.

Hanna-Barbara Gerl vertritt die These, daß es sich bei Guardinis Autorität-Freiheits-Konzeption um die Überwindung des Kantschen Autonomiegedankens handelt. »Insofern ist die Autorität, die Guardini ihrem Wesen nach entfaltet, nicht einfachhin ein Rückgriff auf alte Vorgaben, sondern ein Ausgreifen über die Neuzeit hinaus, eine moderne Ablösung von Kant«[64]). Dieser These von Gerl ist insoweit zuzustimmen, als Guardini mit seiner Konzeption auf die Überwindung der Autonomie abzielt; dies ist überhaupt sein zentrales Anliegen. Dagegen kann Gerls These nicht zugestimmt werden, daß es sich bei Guardinis Konzeption nicht um einen Rückgriff auf alte »vorkantische« Vorgaben handelt. Indem Guardini auf die Offenbarung und auf die Verwurzelung des Menschen im Transzendent-Absoluten rekurriert, bedient er sich urchristlicher Quellen und Ansichten. Ob mit Thesen, die Kant verworfen hat, eine »moderne Ablösung von Kant« erreicht werden kann, ist zu bezweifeln, da die Offenbarung in der heutigen Zeit von kaum jemandem noch als allein verbindliche Quelle anerkannt wird.

---

63) Vgl. Guardini, 1962a, 145.
64) Gerl, 1985a, 171.

Ebenso wenig wird die Fundierung des Menschen als Person im Transzendent-Absoluten und die damit verbundene Freiheit anerkannt, sondern der Mensch wird als ein von vielen Faktoren determiniertes Wesen begriffen.

Guardini vertritt dagegen in seinem Freiheitsverständnis partiell eine Willensfreiheit, die jeden Determinismus ablehnt. Sie impliziert die Wahl- und Handlungsfreiheit. Diese Wahl hängt aber immer von einem Wert oder Gut ab. Dafür entscheidet sich der Mensch, weil er eine Grundentscheidung getroffen hat, nämlich das zu sein, was er seinem Wesen nach eigentlich sein wollte.

Daneben steht Guardini in der Tradition des christlichen Freiheitsbegriffes. Dieser geht vom freien Eingreifen des Transzendent-Absoluten in die Schöpfung aus. Dieses Eingreifen ist nicht die Folge des menschlichen Wesens oder seines Seins. Es setzt die Nicht-Notwendigkeit nicht nur in der Schöpfung, sondern auch in der Erlösung voraus. Die christliche Freiheit bedeutet für Guardini, die christliche Existenz zu leben, d. h. im Bewußtsein des Gefallenen zu leben, der der Gnade des Transzendent-Absoluten bedarf.

Bei der religiösen Freiheit geht es um ein implizit Gewußtes, und zwar im religiösen Akt. Guardini scheint hier durch die Aktlehre Max Schelers beeinflußt worden zu sein.

Wie wirkt sich Guardinis Freiheitsverständnis auf sein Demokratieverständnis aus?

Spezifika westlicher Demokratien sind der Pluralismus der Ideen und der Schutz der Person durch individuelle Grundrechtsgewährung. Die Auseinandersetzung in den letzten 200 Jahren ist geprägt von der Auseinandersetzung zwischen Freiheit und Gleichheit. Es geht dabei um die persönliche Freiheit als Freiheit vom Staat und um die politische Freiheit als Recht zur Mitgestaltung am politischen Entscheidungsprozeß. Welcher dieser Problembereiche tangiert Guardinis Demokratieverständnis?

Guardini versteht sich als einen »katholischen Demokraten«, der absolute Werte und objektive Autoritäten als gegeben anerkennt. Für ihn kann Demokratie nur in Freiheit praktiziert werden. Er betrachtet sie als die anspruchvollste und die am meisten gefährdetste aller politischen Ordnungsformen, die beständig aus dem freien Spiel der Kräfte gleichberechtigter Personen erwächst. Die Initiative liegt beim einzelnen. Sie korrespondiert mit einem Bewußtsein für das Recht des anderen gegenüber dem Staat. Der einzelne ist an das Recht des Staates gebunden, sobald er Rechte und andere staatliche Handlungen in legitimer Weise gesetzt hat. Um gegen eine staatliche Handlung vorzugehen, bedarf es des gesetzlichen Weges. Alle Fragen, die den einzelnen und die Gemeinschaft betreffen, sind in Verhandlungen und in einer Haltung auszuführen, die auf Ausgleich gerichtet ist.

Der demokratisch gesinnte Mensch ist fähig, auf sich selber zu achten, seinen eigenen Weg zu gehen, sein eigenes Leben zu gestalten. Er verlangt zwar nach Gemeinschaft, aber als von Persönlichkeit zu Persönlichkeit, mit all den Spannungen, die aus der Einmaligkeit beider entspringen. Daneben verlangt er immer wieder, in seinen eigenen Bereich zurückzukehren, auch auf die Gefahr hin, nicht mehr mit sich allein, sondern in sich einsam zu sein.

Der Demokrat empfindet primär den Wert der Freiheit sowohl im persönlichen als auch im gesellschaftlichen Bereich. Im letzteren kann die Freiheit nicht nur von außen, sondern auch von innen zerstört werden, und zwar sobald der einzelne nicht mehr die Stellung inne hat, die ihm gebührt. Die bisherige Demokratie setzt also ein Gleichgewichtsverhältnis zwischen individueller Selbständigkeit und objektiver Ordnung voraus. Das wiederum setzt voraus, daß die Anzahl der in Betracht kommenden Menschen nicht so groß ist, daß daraus »Masse« wird, sondern daß die Persönlichkeit immer noch ein Normbild darstellt. Guardini ist skeptisch, ob diese Haltung im Durchschnittsmenschen überhaupt noch vorhanden ist. Die meisten empfinden die Persönlichkeit nicht mehr als einen unbedingten Wert, verlangen nicht mehr danach sie selbst zu sein, sondern sind bereit, in einem Ganzen aufzugehen. Das Bewußtsein der Gesellschaft ist so stark, daß nicht einmal das Gefühl aufkommt, »Glied« sein zu wollen, da dies eine Spannung zwischen einzelnen und Gesellschaft voraussetzt. Die Menschen wollen vielmehr als Vielheit in einem »Eigentlich-Seienden« aufgehen. Guardini konstatiert, daß ein Mangel an Demokratiewilligkeit vorherrsche. Man will nicht frei sein, sondern verlangt nach Befehlen. Das Gefühl der Einmaligkeit, Unvertretbarkeit und Unveränderbarkeit des einzelnen ist nicht vorhanden. Der einzelne akzeptiert die Normierung. Sie ist zwar von außen aufgezwungen, aber auch von innen bejaht[65]).

Demokratie ruht demnach auf einem Bewußtsein, das das Ganze im Blick hat – nicht um über es zu herrschen oder von ihm beherrscht zu werden, wie dies der Totalitarismus[66]) tut, sondern, um es zu durchfühlen, sein Leben in den zwischenmenschlichen Begegnungen zu spüren[67]). Für Guardini ist Demokratie nicht ein Zustand, in dem jeder sein eigenes Interesse als Staatsangelegenheit betrachten darf. Jeder einzelne hat sich vielmehr für das Ganze verantwortlich zu fühlen. Demokratie ist jene politische Ordnung, die aus der Verantwortung des einzelnen erwächst. Diese Haltung ist Voraussetzung der Freiheit. Schwindet die innere Haltung, frei sein zu wollen oder das Wertbewußtsein, dann besteht Gefahr für die Demokratie. Es müssen sich also alle aufeinander verlassen können, weil alle das

---

65) Vgl. Guardini, 1962a, 133; ders., 1970e, 732 f; ders., 1970a, 712 ff.

66) Guardini weist darauf hin, daß es auch einen »demokratischen« Totalitarismus gibt. In diesem herrscht die Bürokratie; die Publizistik typisiert das Denken; die Werbung dringt in die Motivationen ein, und die Privatsphäre löst sich auf (vgl. Guardini, 1958, 45).

67) Vgl. Guardini, 1962a, 135.

Wohl des Ganzen wollen. Demokratie ist soweit real, als diese Haltung wirksam ist, weil der Demokratie die »geheiligten Traditionen« der konservativen Staatsformen fehlt, die ihre Verwurzelung im Unbewußten hatten.

In der Demokratie herrscht immerfort ein werdendes Gleichgewicht, das es gegen alle Unordnung zu erhalten gilt, da es durch eine Veränderung leicht zur Diktatur und zum Chaos kommen kann. Eine wichtige Rolle bei der Erhaltung des Gleichgewichts spielt die Freiheit der Information. Sie hängt eng mit dem Ethos der Demokratie zusammen. Guardini warnt vor einem übertriebenen Anspruch der Öffentlichkeit auf Information, da daraus leicht ein Anspruch auf Sensation werden kann. Man glaubt, in den intimsten Bereich vordringen zu dürfen. Es herrscht die Tendenz vor, je privater ein Vorgang ist, desto zudringender zu werden im Versuch, ihn zu erfahren. Die Öffentlichkeit als unentbehrliches Element der demokratischen Gesellschaft bedarf aber der Privatsphäre, um in ihrem eigentlichen Sinn aktionsfähig zu bleiben. Die Freiheit der Öffentlichkeit ruht auf der Selbständigkeit des Urteils und auf der Sicherheit der Entscheidung, mit welcher sie Stellung nimmt; die aber wachsen aus dem Boden einer unabhängigen und respektierten Privatsphäre[68]). »Wenn der Anspruch auf Freiheit der Information sich weiter so entwickelt, wie er es tut, wird er unglaubwürdig. Die Art des Protests, der sich erhebt, sobald jemand sich gegen die Verwilderung wehrt, zeigt, welcherlei Motive im Spiel sind«[69]).

Guardini kritisiert das Gleichheitspostulat der Demokratie. Es kann nicht von einem abstrakten Begriff der Gleichheit aller Menschen ausgegangen werden, sondern nur von der Erkenntnis, was der Mensch ist, was allen Menschen gleich ist und was ein im Grunde gleiches Schicksal für alle bedingt. Nicht alle

---

[68]) Vgl. Guardini, 1966b, 18; ders., 1962a, 135, ders., 1970e, 732.
[69]) Ders., 1962a, 137.

Menschen sind aber gleich; sie sind nach Art und Maß ihrer Begabung und ihres Wesens verschieden. Nicht darin besteht die Gleichheit, daß alle das Gleiche sind und gelten, sondern daß jeder er selbst ist, und an seinem Platz in der Gesellschaft seine Aufgabe erfüllt. Nur eine »Pöbelgesinnung« behauptet, alle seien gleich[70]).

Auch die Demokratie hat ihre Autorität vom Transzendent-Absoluten her zu begründen, wenn sie ein Staat und nicht nur eine »Sicherheits- und Wohlfahrtsorganisation« sein will. Das Handeln ist nicht nur vor dem Volk oder Parlament, sondern auch vor dem Transzendent-Absoluten zu verantworten. Der demokratische Staat hat sich in seiner Haltung an das Gute, an Recht und Ehre gebunden zu wissen.

Heinz Robert Schlette ist zuzustimmen, daß Guardini nach 1945 die Demokratie als eine sittlich so hochstehende politische Form angesehen hat, daß er hinsichtlich ihrer Verwirklichung pessimistisch war, ohne aber deswegen für eine autoritäre Verfassung zu sprechen. Guardinis Mahnungen zum Schutz der Demokratie enthalten einen gefährlichen Aspekt, da sie allzu hohe Ansprüche erheben. Seine Vorstellungen von einer politischen Gemeinschaft schließen die Werte Ordnung, Autorität, Gehorsam und Freiheit ein. Dabei werden die Ansprüche an Gehorsam und Autorität so hoch angesetzt, daß sie starr wirken und auf etwas noch nicht Erreichtes vorgreifen[71]).

Guardini beteiligt sich nicht an der gängigen politikwissenschaftlichen Demokratiediskussion. Seine Ausführungen bewegen sich auf einem allgemein-grundlegenden Niveau. An den Spezialfragen wie Legitimität von Herrschaft und die damit zusammenhängenden Fragen der Regierbarkeit liberal-recht-

---

70) Vgl. Guardini, 1982, 57; ders., 1968, 179.

71) Vgl. Schlette, 1973, 36 f.

staatlicher Demokratie ist er nicht interessiert. Auch auf die Methoden der Legitimitätsbewahrung und Partizipation an politischen Entscheidungsprozessen sowie die Kontrolle politischer Macht geht er nicht ein.

Seine Betrachtungen zur Demokratie sind beeinflußt von katholischem Gedankengut über den Staat. Ihm geht es bei der Demokratie um den »Blick auf das Ganze«. Er betrachtet Partialinteressen als abträglich. Der einzelne hat Verantwortung für das Ganze zu tragen. Dabei hat er nicht in der Gesellschaft aufzugehen, sondern die Spannung zwischen Einzelnem und Gesellschaft ist zu wahren. Er sieht eine Gefahr darin, daß der moderne Mensch zu schnell bereit ist, seine Einmaligkeit zugunsten der Normierung aufzugeben.

Dezidiert äußert sich Guardini zugunsten der Freiheit und gegen das Gleichheitspostulat. Gleichheit kann es auch in formal-juristischem Sinne nicht geben, weil jeder Mensch vom anderen verschieden ist. Was für den einen gerecht ist, ist für den anderen ungerecht. Somit verstößt die sozialistische Gleichheitsideologie gegen das Wesen des Menschen. Guardini räumt der Freiheit des einzelnen Priorität gegenüber der Gleichheit und dem Staat ein.

Zusammenfassend kann gesagt werden, daß seine Ansichten über die Legitimation des demokratischen Staatswesens an der Realität vorbeigehen, da keine moderne Demokratie sich bewußt aus transzendenten Quellen mehr legitimiert.

Wie stellt sich Guardini nun seine ideale Gesellschaft vor? Was sind die Voraussetzungen für diese Gesellschaft? Welche Rolle spielt der Mensch in ihr?

2.5 Die Rolle des Menschen als Person und der personale Charakter der Gesellschaft

Für Guardini sind Mensch und Gesellschaft aufeinander bezogen. Sie beeinflussen sich gegenseitig und hängen beide voneinander ab. Der Mensch kann nicht ohne Gesellschaft existieren. Diese aus der Wesensanlage des Menschen gewonnene Erkenntnis geht auf Aristoteles zurück, der den Menschen als zoon politikon sieht, der von Natur aus auf Gesellschaft ausgerichtet ist. Wenn Guardini vom Menschen spricht, geht er nicht vom neuzeitlichen Menschenverständnis aus. Das neuzeitliche Menschenbild sieht den Menschen als Subjekt oder Persönlichkeit. Guardini dagegen sieht ihn als Person. Demzufolge konstituiert sich die Gesellschaft aus Personen und hat deshalb personalen Charakter.

Wie versteht Guardini Person und wie konstituiert sie sich? Ist Personwerdung das primäre Ziel des Menschen oder hat der Mensch Persönlichkeit zu werden? Ist die Ordnung unter Personen ein wesentliches Element einer Gesellschaft? Hängen gesellschaftliche Krise und adäquate Ordnungsform zusammen? Um diese Fragen beantworten zu können, bedarf es der Explikation der Personkonzeption Guardinis sowie deren Bedeutung für die Gesellschaft.

Um den personalen Charakter der Gesellschaft bestimmen zu können, ist es notwendig, von Guardinis Personverständnis auszugehen. Dabei ist jedoch zu berücksichtigen, daß Person kein bloßes »individuelles Faktum«, kein reines »Privatum« ist, sondern es gehört die Gemeinschaftsbeziehung als ein wesentliches Konstitutivum dazu.

Guardini stellt fest, daß der Mensch Person ist, weil er

»Ebenbild Gottes« ist. Diese Ebenbildlichkeit[72]) besteht darin, daß er dem Transzendent-Absoluten ähnlich ist und über die Welt zu herrschen vermag. Diese Herrschaft ist jedoch nicht souverän, sondern verliehen; der Mensch herrscht als »Statthalter Gottes«[73]). Nur im Transzendent-Absoluten hat somit der Mensch als Person den Grund seines Wesens und Daseins. Deshalb kann die Person ihr einmaliges Sein nur aktuieren, indem sie durch den Vollzug von Gottes Willen in Beziehung zu ihm tritt. Der Mensch ist nur Spiegelbild der eigentlichen göttlichen Person. Die Personalität des Transzendent-Absoluten wird so geoffenbart, daß sein Person-Sein in der Weise seines Gemeinsam-Seins besteht[74]). Daraus ergibt sich, daß es den

---

72) Guardini versteht unter der Gottebenbildlichkeit des Menschen eine Kategorie, in der der Mensch besteht. Daraus leitet sich die Fähigkeit und Herrschaft über die Welt ab, d. h. gegenüber der Welt Stand und Abstand haben, über sie zu urteilen, sie fassen und gestalten zu können. Konkret bedeutet dies, dem anderen gegenüber ›selbst‹, dem Du gegenüber Ich sein. Auf diese Art hat der Mensch Person zu werden und in seine Personalität hineinzuwachsen (vgl. Guardini, 1961b, 65).
Demgegenüber versteht Martin Buber die Gottebenbildlichkeit des Menschen als Tat, als Werden und als Aufgabe. In der Lehre des Chassidismus heißt dies: Gott ist in jedem Ding zu schauen und durch reine Tat zu erreichen. Dies ist aber nicht pantheistisch, sondern biblisch aufzufassen, z. B. so: in jedem Ding lebt ein Funke Gottes. Diesen kann jeder jederzeit und durch eine gewährleistete Handlung entdecken und erlösen, wenn er es nur in Reinheit und in göttlicher Ausrichtung gesammelt vollbringt (vgl. Getzeny, 1931, 235). Diese Auffassung Martin Bubers ist nicht biblisch, sondern eher gnostisch oder spätjüdisch zu verstehen.

73) Vgl. Guardini, 1957, 9.

74) Die menschliche Person ist zwar für den Menschen der Ausgangspunkt der Erkenntnis, um zur göttlichen zu gelangen; seinsmäßig aber ist die göttliche Person das Erste und die menschliche das Abbild. Die Selbstoffenbarung der göttlichen Personalitätsweise wird zur Grundlage für die Einsicht in das Wesen der Person überhaupt.

isolierten einzelnen gar nicht gibt. Es gibt auch nicht die absolute Gemeinschaft. Beide sind nur Grenzfälle. Die Person steht zwar in einem umgreifenden Lebenszusammenhang, geht in diesem jedoch nicht auf, sondern besteht mit seiner Einzigartigkeit und vollen Verantwortlichkeit in der Gesellschaft fort. Demnach ist Guardini zuzustimmen, daß es nur den gemeinschaftsbezogenen einzelnen und die personbezogene Gemeinschaft gibt[75]).

Die Person hat deshalb eine doppelte Ausrichtung, und zwar auf das Transzendent-Absolute und auf die Gesellschaft hin. Die Person weiß deshalb, daß sie über sich hinausragt, von einem anderen herstammt, in sich selbst steht, um sich weiß, über ihr Handeln verfügt, Verantwortung trägt und dadurch in Freiheit ihr eigenes Werk schafft[76]). Daraus kann gefolgert werden, daß der Mensch seine Zukunft selbst frei bestimmt und für diese verantwortlich ist. Christlich gesprochen, kann der Mensch durch seine weltlichen Taten sein »Heil« verwirken. Bei dieser Personbestimmung wird deutlich, daß Guardini von einer Grenze des Menschen ausgeht. Konkret heißt das, daß der Mensch einerseits von einem Höheren abstammt, daß er andererseits innergesellschaftlich beständig seine eigene Begrenzung erfährt und damit auf andere angewiesen ist. Hanna-Barbara Gerl ist zuzustimmen, daß Guardinis Entwurf der Person durch eine positive Fassung von »Grenze« bestimmt wird. Die Annahme der eigenen Grenze bewirkt zum einen eine Vervollkommnungsmöglichkeit, zum anderen entlastet sie vor der Überanstrengung der Selbst-Behauptung[77]). Anthropologisch gewendet heißt dies, daß der Mensch nur im Gehorsam gegenüber dem Transzendent-Absoluten und den Menschen Person wird. Hierin zeigt sich die grundsätzliche Erfahrung der eigenen Grenze. Die Einsicht dieser Erfahrung setzt aber die Annahme

75) Vgl. Guardini, 1925g, 400.
76) Vgl. ders., 1967, 59.
77) Vgl. Gerl, 1985a, 62.

seiner selbst voraus. Dies impliziert einen teilweisen Autonomieverzicht, da sich der Mensch nicht ganz aus seiner Endlichkeit heraus erklären kann.

Der Mensch kann demnach nur Person durch die Beziehung zu einem Du werden. Dieses Du hat aber eine zweifache Ausrichtung, und zwar auf das Transzendent-Absolute und auf den Menschen hin; es ist also von Natur aus dialogisch. Ursprünglich und zutiefst ist der Mensch auf das Du über ihm bezogen, nämlich auf das Transzendent-Absolute[78]). Der Mensch ist nur Person, besteht nur darum als Person, weil das Transzendent-Absolute Person ist und den Menschen als sein Du erschuf. Der Mensch ist nicht durch seinen eigenen Willensakt oder durch »Zufall« entstanden, sondern durch den »Anruf Gottes« – dadurch, daß das Transzendent-Absolute Du sagt. Hans-Eduard Hengstenberg vertritt die These, daß diese Ich-Du-Beziehung – auch wenn sie zu einer göttlichen Person besteht – nicht das Wesen der Person ausmachen kann; dieses Wesen muß schon vorausgesetzt sein. Eine Beziehung, wenn sie auf theistischem Boden steht, ist bei allen Geschöpfen zum Schöpfer anzunehmen, und zwar als konstitutiv für die ersteren. »Das Novum der Person kann also nur in einer solchen Beziehung bestehen, die sich in bewußter Antwort konstituiert«[79]). Deshalb besteht Person als eine lebendige Beziehung zwischen Ich und Du. Sie besteht wesenhaft im Dialog. Indem Guardini die Dialogstruktur des Menschen hervorhebt, knüpft er an die

---

78) Indem Guardini den Menschen als seinem Wesen nach auf etwas über ihm ausgerichtetes Wesen betrachtet, steht er in der Denktradition Platons, Augustinus' und Pascals. Dies ist der Sinn des Pascalschen Satzes: Der Mensch geht über den Menschen unendlich hinaus. Demnach kann der Mensch nicht aus sich selbst heraus verstanden werden, sondern nur von über sich herab.

79) Hengstenberg, 1984, 324 f.

Tradition der Dialogphilosophie[80]) und den Personalismus des 20. Jahrhunderts an.

Begegnung zwischen Ich und Du gibt es erst dann, wenn die Subjekt-Objekt-Beziehung aufhört, wenn der Mensch im anderen nicht mehr nur ein Stück seiner eigenen Umwelt sieht, sondern den Menschen als Person. Konkret bedeutet dies, daß auch der andere eine »personale Mitte« hat, in sich steht und selbst Zentrum seiner eigenen Welt ist. Erst wenn er so den anderen innerlich frei gibt, wenn er anerkennt, daß er ihn nicht zwingen, nicht über ihn verfügen kann, obwohl er ihn braucht, obwohl er für die Entfaltung des eigenen Ichs lebenswichtig ist, erst dann kann dieser andere aus Freiheit heraus zum Du werden, erst dann ist eine personale Begegnung möglich.

Andererseits wird von anderen die These vertreten, daß die bloße Ich-Du-Beziehung als konstitutives Merkmal der Person nicht ausreicht. Hinzuzutreten hat noch der Selbst-, Fremd- und

80) Die Dialogphilosophie hat ihre Wurzeln nicht so sehr im kosmozentrischen Denken der griechisch-römischen Antike, sondern im jüdisch-christlichen »Personalismus« einerseits, andererseits in der existentiellen Problematisierung des »Anderen« in Folge von Descartes »ego cogito«. Descartes Teilung in denkende und ausgedehnte Substanz wird erst von F. H. Jacobi überwunden, der das »Ich« und das »Du« auf dasselbe Sein zurückführt. Jacobis Kritik, worin er von W. v. Humboldt unterstützt wird, richtet sich gegen die Transzendentalphilosophie Kants als eine Philosophie des bloßen Ichs. G. W. F. Hegels Dialektik von »Ich« und »Wir« versteht sie nicht als zwei getrennte Einheiten, sondern begreift sie als Subjekt und Objekt, die sich in einem absoluten »göttlichen Subjekt« auflösen. Diese Mystifizierung Hegels wird von L. Feuerbach kritisiert, der sich für einen Dialog zwischen »Ich« und »Du« einsetzt. Mit H. Cohen setzt sich im 20. Jahrhundert die Dialogphilosophie durch. An ihn knüpfen auf jüdischer Seite M. Buber, F. Rosenzweig; auf katholischer Seite F. Ebner, G. Marcel und auf protestantischer Seite K. Barth und F. Gogarten an. In diese Richtung gehört auch Guardini.

Weltbezug[81]). Konkret heißt dies, daß sich wesentliche Einsichten über den Menschen als Person nur über die Gesellschaft gewinnen lassen. Indem der Mensch anderen den Zugang zu den Gütern der Welt schafft, trägt er zu deren Lebensentfaltung und Selbstverwirklichung bei. Somit steht die Herrschaft der Sachwelt im Dienst des Personalen. Sachwelt und Person gehören also zusammen. Erst durch die Einbeziehung des Sachhaften wird das Personale zur Ganzheit integriert. Das Personale birgt die Selbsttranszendenz auf das Du hin wesentlich in sich; es ist demnach ein gemeinschaftsbildendes Element[82]). Dieser Tatsache liegt die Einsicht zugrunde, daß der Mensch existentiell betrachtet ein natürliches und übernatürliches Wesen ist, wie es Jacques Maritain[83]) nennt.

Damit diese existentielle Begegnung in der Gesellschaft überhaupt stattfinden kann, ist Freiheit eine notwendige Voraussetzung. Denn nur wer frei ist, kann die Grenze des Selbst überschreiten und zum anderen gehen. Deshalb kann Guardinis Personkonzeption nicht nur auf die persönlichen Gewissensakte angewandt werden, sondern auch auf die Gesellschaft und den Staat.

---

81) Vgl. Müller/Vossenkuhl, 1973, 1060.

82) Vgl. Schmaus, 1965, 699 f.
Die Bedeutung des Personalen für die Entwicklung einer Gesellschaft, insbesondere der Entwicklungsländer, wurde vom Verfasser herausgearbeitet (vgl. Watzal, 1985a, 359 ff; ders., 1985c, 5 ff).

83) Vgl. Maritain, 1950, 8.
Das Natürliche bezieht sich auf das Wirkliche, die geschichtliche Existenz. Das Übernatürliche auf das Transzendent-Absolute als Ziel.

Guardinis Verständnis des Menschen als Person darf nicht mit der Persönlichkeit[84]) oder dem Individuum[85]) gleichgesetzt werden. Sein Personbegriff schließt Gestalt, Individuum und Persönlichkeit mit ein[86]). Von verschiedenen Seiten ist Guardinis Unterscheidung zwischen Person und Persönlichkeit kritisiert worden. Für Clemens Münster ist dieser Gegensatz »künstlich und nicht sonderlich fruchtbar«. Nach ihm ist die Persönlichkeit keine historische oder soziologische, sondern eine ethische Kategorie; sie setzt begrifflich und seinsmäßig die Person voraus; sie stellt deren relative Vollendung dar. Der Zugriff der

[84]) Zwischen Person und Persönlichkeit besteht ein Unterschied dahingehend, daß die Persönlichkeit eine originelle und frei entwickelte Eigengestalt ist, die weitgehend in der Masse verschwindet. Der Begriff der Persönlichkeit ist ein solcher der Struktur. Er meint eine lebendige Ganzheitsgestalt, die sich aus dem Geist auf Erkenntnis, Willen, Gestaltkraft usw. aufbaut. Er entwickelt sich aber mehr und mehr zu einem Wertbegriff. Eine Kultur, die auf dieser Vorstellung ruht, ist ihrer Grundtendenz nach aristokratisch, denn die Erfüllung ihrer Wünsche ist nur elitären Schichten möglich (vgl. Guardini, 1953c, 396; ders., 1977b, 568).
Person dagegen ist im wesentlichen demokratisch, denn Person ist jeder Mensch. Der Begriff der Person ist sogar revolutionär. In ihm wurzelt die echte Gleichheit der Menschen, d. h. Gleichheit im Recht auf Leben und Freiheit, Recht auf Achtung vor dem Gesetz (vgl. Guardini, 1977b, 469).
Person bedeutet aber auch Selbstverantwortung vor dem Transzendent-Absoluten. Sie ist durch die Offenbarung geweckt und bleibt von da ab möglich (vgl. Guardini, 1953c, 396).

[85]) Individuum dagegen ist eine auf sich gerichtete Dimension. Das Individuum steht aber zugleich als ein Glied in der Gesellschaft, mit der es durch Gegensatzbindungen verknüpft ist (vgl. Guardini, 1925, 166).

[86]) Für Guardini konstituiert sich die Person aus drei Schichten: die unterste ist die Gestalt, die zweite die Individualität und die dritte die Persönlichkeit. Gestalt ist alles, was Form besitzt. Alle drei Stufungen antworten auf die Frage: Was ist das da? Sie gehören zur Person, sind aber selbst nicht Person. Person antwortet auf die Frage: Wer ist das?

modernen Massengesellschaft und des Kollektivismus auf die Persönlichkeit zielt in ihrer wahren Intention aber auf die Person[87]).

Auf einen Widerspruch zwischen Guardinis Person- und Persönlichkeitsunterscheidung weist Gerhard Krüger hin. Guardini hat demnach die Persönlichkeit viel humaner und positiver aufgefaßt als er es eigentlich im Vergleich mit der Person hätte tun dürfen. Er hat beide als human bezeichnet. Indem er dies tat, hat er seinen Begriff der Humanität nicht an dem primären Wesenszuge der religiösen Personalität orientiert, sondern an dem mehr peripheren des Gleichgewichtes von »Wirkfeld« und »Erkenntnisfeld«. Dazu sagt Krüger: »Wenn aber schon der moderne Mensch als solcher, gemessen an der religiösen Personalität als der Wahrheit über den Menschen, ›nicht human‹ ist – dann erweist sich wiederum unsere Zeit, in der die Krise des Menschseinkönnens akut wird, als die endlich rein verwirklichte Neuzeit, nicht als ihr Ende, sondern als ihre Vollendung«[88]).

Der Vermutung Krügers ist zuzustimmen, daß sich in Guardinis Unterscheidung zwischen Person und Persönlichkeit Widersprüche und Ungereimtheiten befinden. Das wird in den Ausführungen Guardinis deutlich, nach denen Person ein ontologischer Begriff ist, wohingegen Persönlichkeit ein geschichtlich bedingter Struktur- und Wertbegriff ist. Einerseits ist die Person an die Natur gebunden, andererseits geht sie nicht in ihr auf, sondern verfügt über sich und ist für ihr Handeln selbst verantwortlich. Dies wird dadurch ermöglicht, daß der Mensch im Anruf des Transzendent-Absoluten steht und von dorther befähigt ist, der Welt und sich selbst gegenüberzutreten[89]).

---

87) Vgl. Münster u. a. 1953, 11.

88) Krüger, 1953, 89.

89) Vgl. Guardini, 1970e, 737.
Mit dieser Fassung der Person knüpft Guardini an die scholastische Tradition an. Nach dieser bezieht sich der Personbegriff nicht auf

Die Person ist demnach ein besonders ausgeprägter Mensch, der einen besonderen Typus in sich trägt, der das Mensch-Sein in eigener Weise verwirklicht. Dieser Typus ist das »lebendige bildhafte Grundgesetz« seines ganzen Seins und Handelns. Dies dürfte bei Guardini die Persönlichkeit sein. Die Aufgabe der Persönlichkeit aber besteht darin, dieses Wesensbild zu bejahen, es herauszustellen, seine Grenzen zu sehen und es in Beziehung zu anderen und zum Ganzen zu setzen[90]).

Ebenso relativiert Walter Dirks die Rolle der Persönlichkeit. Wer die gegenwärtige Welt von der Persönlichkeit aus erkennen, deuten und behandeln will, der wird sie verkennen, mißdeuten und wenn er es zuläßt, von ihr mißhandelt werden. Der zunehmenden Funktionalisierung der Welt ist dadurch zu begegnen, daß die Funktionen personalisiert werden müssen, aber nicht im Rückgriff auf die Persönlichkeit[91]). Dirks begründete diese Absage an die Persönlichkeit in einem Interview mit dem Verfasser damit, daß der Kapitalismus durch seine Förderung der Selbstverwirklichung der Persönlichkeit von dieser Persönlichkeit die Lösung der Probleme erwartet[92]).

Im Gegensatz zu Guardini betont Hans-Eduard Hengstenberg, daß nicht die Person bedroht ist, sondern die Persönlichkeit, da sie zerstört werden kann; ebenso kann sie entarten und zerfallen[93]). Somit kann gefolgert werden, daß von Anbeginn an der Mensch Person ist, wohingegen er Persönlichkeit erst werden muß. Dies bedeutet, daß der Mensch sich auf Grund seiner Person zur Persönlichkeit entfaltet. Person ist gegenüber der

---

das Wesen, sondern auf die Weise, wie sich das Universale des Seins und des Wesens auf das Seiende aktuell beziehen, ohne dabei seine Universalität aufgegeben zu haben (vgl. Müller/Vossenkuhl, 1973, 1062).

90) Vgl. Guardini, 1923b, 64.

91) Vgl. Dirks u. a., 1953, 36.

92) Vgl. Interview mit Walter Dirks vom 26. Juli 1985.

93) Vgl. Hengstenberg, 1984, 324.

Persönlichkeit der fundamentalere Begriff. Guardini hat immer gefordert, der Mensch muß Person werden. Der Mensch ist aber schon von Geburt an Person oder gar nicht. Seine Aufgabe ist es deshalb, Persönlichkeit zu werden. Konkret heißt dies, daß er alle in der Person angelegten Wesenselemente zur vollen Entfaltung zu bringen hat. Diesen Schritt hat Guardini ebenfalls gefordert. Er beharrte aber trotzdem auf seiner Forderung, daß der Mensch Person zu werden hat. Hierin liegt ein Widerspruch in Guardinis Gedankenführung.

Des weiteren hat Guardini seine Personkonzeption zu sehr im geistigen Bereich angesiedelt, ohne den realpolitischen oder gesellschaftlichen Kontext mitzuberücksichtigen. Der Mensch ist nicht nur reine Geistigkeit. Er ist auch Individuum. Und deshalb ist er Glied der Gesellschaft, ein Teil von ihr, und er unterliegt den Zwängen des sozialen Lebens, um zu seinem eigentlichen Leben als Person geführt und in diesem Leben erhalten zu werden. Es tritt ein Widerspruch auf, der jedem zeitlichen Leben eigen ist. Ein gemeinschaftliches Werk ist durch das soziale Ganze als solches zu vollbringen, durch jenes Ganze, von dem die menschlichen Personen nur Teile sind. Und so sind die Personen diesem gemeinschaftlichen Werke untergeordnet. Demgegenüber sind die tiefsten Anlagen in der menschlichen Person – ihre Berufung zur Ewigkeit und die mit dieser Berufung zusammenhängenden Güter – dem gemeinschaftlichen Werke übergeordnet und führen es zu Ende. In diesem Zwiespalt und Widerspruch befand sich auch Guardini mit seiner Personkonzeption in bezug auf die Gesellschaft. Welches sind nun die Voraussetzungen für eine Gesellschaft?

2.6 Die personale Ordnung als Voraussetzung der Gesellschaft

Allgemein verstanden bedeutet Ordnung ein geordnetes Verhältnis zwischen Teilen eines Ganzen. Dies kann sich auf ein Individuum oder einen Staat beziehen. Auf den gesellschaftlichen Bereich bezogen regelt es die Rechte und Pflichten einzelner Gruppen, damit ein geordnetes Zusammenspiel in gewissen Strukturen zum Wohl der Gesellschaft stattfinden kann.

Ordnung im christlichen Sinne bedeutet weder ein bloß mechanisches Gleichgewicht der verschiedenen Kräfte, noch eine durch Gewalt erzeugte Ruhe, sondern eine Gliederung und Zusammenarbeit, die auf Wahrheit, Gerechtigkeit und Liebe beruht und auf gemeinsame Ziele ausgerichtet ist.

Für Guardini besteht ein Wechselverhältnis zwischen dem Menschen als Person und der gesellschaftlichen Ordnung. Der bloße gesellschaftliche Ordnungsbegriff ist für ihn nicht hinreichend, den wirklichen Menschen zu erfassen. Er entgleitet der Analyse, weil man die Personalität nicht fassen kann. Gelingt es dennoch, so werden nur Individuen und nicht Personen erfaßt; man hat dann nur eine biologische Spezies im Griff. Die Gesellschaft ist somit der Ordnungszusammenhang dieser Gattungseinheit und ihrer verschiedenen Sondergliederungen. Die Individuen sind Gattungsverwirklichung, das, was sich durchsetzt ist die Gattungsganzheit[94]). Läßt sich der Mensch trotzdem adäquat in eine Ordnung einfügen? Besteht ein Widerspruch zwischen Ordnung und Person? Die gesellschaftliche Ordnung erfährt ihre Bedeutung von der Person her. Personale Ordnung ist deshalb primär eine qualitative Kategorie; sie ist das Struktur-

---

[94]) Vgl. Guardini, 1926b, 137; ders., 1963b, 49 ff.

prinzip der Gemeinschaft. Personale Ordnung enthält in sich die Spannung von subjektiv und objektiv[95]).

Was heißt nun Ordnung unter Personen? Für Guardini liegt die Antwort in den Qualitäten der Person. Diese beinhalten und konstituieren sodann die Ordnung selbst. Das Objektive in der Ordnung ist die wesenhafte Unabhängigkeit der Ordnung vom einzelnen zu den Ordnenden. Die Ordnung entspringt demnach oberflächlich betrachtet nicht aus dem einzelnen Geordneten, sondern ist ihm gegenüber qualitativ eigenständig. Sie kann ohne sie nicht bestehen, denn sie verwirklicht sich an ihnen. Diese Ordnung entsteht nicht aus der Addition der Einzeldinge der Gesellschaft, sondern ist eine Ganzheitsform und als solche gründet sie in sich selbst. Das Feste und Dauernde der Ordnung verschwindet nicht in der personalen Ordnung, sondern erfährt im Gegenteil in ihr seine höchste Vollendung. Die personale Ordnung bedeutet demnach keine Relativierung ins Subjektive, keine Abschwächung der Kraft des Ordnungsmomentes. Die personale Ordnung trägt das Merkmal der objektiven Eigenständigkeit[96]).

Zum Wesen der personalen Ordnung gehört, daß sie den einzelnen keinen Zwecken unterordnet. Dem einzelnen ist die freie Handlungsfähigkeit in dieser Gesellschaftsformation zu gewährleisten. Dies ist aber nur möglich, wenn der einzelne in seiner Einmaligkeit, in seiner Innerlichkeit und Würde stehend, als einzigartig anerkannt wird. Er steht produktiv in der Gesellschaft. Er hat sie beständig hervorzubringen und nicht nur passiv hinzunehmen. Konkret bedeutet dies, daß es sich um eine freiheitliche und keine Zwangsordnung handelt[97]).

Die personale Ordnung ist demnach zweipolig. Sie ist ganzheitlich-objektiv, zugleich aber auch individuell-subjektiv. Der

---

[95]) Vgl. Schmidt, 1973, 66.

[96]) Vgl. Guardini, 1926b, 146 f; ders., 1963b, 58 f.

[97]) Vgl. ebda., 146 f; 1963b, 60.

einzelne Mensch hat diese personale Ordnung zu internalisieren und sie danach als Eigenordnung herauszustellen. Zum Wesen der Ordnung gehört, daß der einzelne einer Ordnung gehorcht, die nicht er selbst setzt, auch nicht ein transzendentales Subjekt, sondern die als etwas Eigenes an ihn herantritt, d. h. objektiv ist. Diese objektive Ordnung wird dann zur personalen, wenn sie von jedem einzelnen aus seinem einmaligen Sein heraus zur Freiheitsordnung gemacht wird. Diese Ordnung ist nur dann personal, wenn sie jene Produktion aus dem Einmaligen heraus nicht nur zuläßt, erlaubt, erträgt, sondern fordert. Sie ist eine Ordnung zwischen »Ganzheit«[98]) und »Einzigkeit« und muß somit aus jeder »Einzigkeit« heraus neu konstituiert werden[99]).

In den Begriffen »Ganzheit« und »Einzigkeit« kommt das metaphysische Denkgesetz von Identität und Differenz zum Tragen, das das Denken der katholischen Kirche seit ihren Anfängen bestimmt hat. Die Wechselwirkung vom Ganzen zum Einzelnen sowie die Hinordnung des einzelnen auf eine allgemeine Ordnung findet sich in den Ordnungsvorstellungen des Mittelalters bei Bonaventura, Thomas von Aquin und Nikolaus von Kues. Die abbildliche Ordnung des Universums als Teilnahme der Einheit an der Vielheit verweist auf eine Ordnung, die im Urbild, d. h. Transzendent-Absoluten selber liegt. Guardini nennt dies den objektiven Charakter der Ordnung.

---

98) Unter Ganzheit versteht Guardini das Transzendent-Absolute, das sich an die Ganzheit des Menschlichen richtet. Das Menschheitsganze liegt nicht in Völkern oder Staaten, sondern einerseits in der einzelnen Person, in ihrer einmaligen Besonderheit, andererseits in der Menschengesamtheit, im Menschengeschlecht. Beiden wohnt etwas Überzeitliches inne. Beide Wirklichkeiten sind aufeinander bezogen; die Person ins Weite der großen Menschengemeinschaft gerichtet; diese aber aus den einzelnen aufgebaut, sie tragend und vollendend (vgl. Guardini, 1966c, 71).

99) Vgl. Guardini, 1926b, 147 f; ders., 1963b, 60.

Guardini kommt von seiner Gegensatzlehre her zum Verhältnis zwischen Staat und einzelnem. Dies besagt, daß Einzelner und Staat, soweit sie im Gegensatzverhältnis stehen, voneinander nicht abgeleitet werden können. Jedes hat sein ursprünglich in sich selbst stehendes Wesen, aber keines kann ohne das andere sein, sondern ist von vornherein im anderen mitgegeben. Im einzelnen ist die Gesamtheit mitgegeben. Er ist auf sie hingeordnet[100]).

In diesem Wechselverhältnis von »Ganzheit« und »Einzigkeit« kommt implizit Gedankengut der Soziallehre der katholischen Kirche zum Ausdruck. Guardini betont die gegenseitige Abhängigkeit von Gesellschaft und Individuum von »socialitas« und »individualitas«. Diese für die Soziallehre der katholischen Kirche konstitutiven Unterscheidungsmerkmale gehen auf Aristoteles zurück. Er betrachtet die Gesellschaft oder den Staat und das Individuum nicht als voneinander separate Entitäten, sondern beide sind vielmehr abhängig und aufeinander bezogen[101]). Diese Abhängigkeit stellt sich so dar, daß sich jeder einzelne immer wieder neu frei für die Gesellschaft zu entscheiden hat. Indem er dies tut, bringt er aus sich heraus Gesellschaft hervor. Andererseits trägt die Gemeinschaft den einzelnen und setzt die Rahmenbedingungen für seine Selbstverwirklichung. Wo dieses Wechselverhältnis gestört ist oder wo der Mensch zum Mittel oder zum Zweck degradiert wird, kommt es zu einer Krise der Gesellschaft.

Guardini sieht die gesellschaftliche Krise der heutigen Zeit

---

[100]) Vgl. Guardini, 1925, 165.

[101]) Vgl. Aristoteles, 1978, I, 1.
Dieser Abhängigkeit liegt die philosophische Einsicht zugrunde, daß der Mensch von Natur aus auf Gemeinschaft hin angelegt ist. Um eine gute Gesellschaft bzw. das »gute Leben« ermöglichen zu können, bedarf die Gesellschaft bestimmter normativ vorgegebener Ordnungsinhalte. Diese sind in einem normativen Menschenbild grundgelegt, das den Menschen von Natur aus als auf ein Transzendent-Absolutes ausgerichtetes Wesen begreift.

darin begründet, daß dem Menschen das Verständnis für das Wesen der Ordnungsform abhanden gekommen ist. Die heutige Zeit ist nach ihm von einer Ordnungsform geprägt, die die Sachgesetzlichkeit betont. Diese tritt in Widerspruch zum menschlichen Wesen. Guardini wendet sich mit der Kritik der Sachgesetzlichkeit gegen das neuzeitliche Ordnungsdenken, das dem Wesen des Menschen widerspricht. Es geht auf René Descartes zurück. Dieser setzt an die Stelle der Mannigfaltigkeit von Substanzen eine einheitliche und unendliche res extensa, eine von mathematisch bestimmbaren Gesetzen beherrschte und durch Technik beherrschbare Natur. An die Stelle der Totalansicht der Welt, die auf einer analogisch-metaphysischen Denkweise zum Schöpfer beruhte, tritt eine lineare Methode, die sich der Deduktion bedient[102]). Daraus entwickelte sich das kausale und zweckrationale Denken, das das Wesen des Menschen in eine Sachgesetzlichkeit zwängt und damit inhuman wirkt.

Für Guardini ist die staatliche Ordnungsform die des Apparates. Der Apparat hält die Gesellschaft zusammen, formt und beeinflußt sie. Diese Ordnungsformen erzeugen das menschliche Mißtrauen gegenüber dem Staat. Der Widerstand richtet sich nicht so sehr gegen die äußeren Strukturen des Staates, sondern primär »gegen die Qualität der Ordnungsforderungen, gegen ihre Sachhaftigkeit. Dagegen, daß Autorität und Tradition nach Qualität, Maßstab, Geist und Haltung Person ignorieren und im Grunde einer Sache gelten«[103]). Guardini fordert deshalb, diejenige Ordnungsform in der Gesellschaft durchzusetzen, die dem Wesen der Person entspricht und diesem gerecht wird. Rebellion, Extremismus, Autonomismus und Diktatur sind nach ihm Anzeichen dafür, daß die Lösung der gesellschaftlichen Krise auf einer falschen Ebene gesucht wird[104]).

---

102) Vgl. Kuhn, 1973, 1039 f.

103) Guardini, 1925g, 402.

104) Vgl. ebda., 403.

Die Lösung der Krise sieht Guardini in einer anderen Haltung und Gesinnung des Menschen[105]). Sie kann jedoch nicht künstlich erzeugt werden, sondern hat von innen heraus zu entstehen. Die so entstandene Haltung hat der Mensch zu fördern und ihr zu dienen. Die Welt und das gesellschaftliche Dasein können nur adäquat gestaltet werden, wenn der Kristallisationspunkt nicht im Menschen, sondern außerhalb liegt. Dafür ist ein Maßstab notwendig, der dem Menschen gegenüber souverän ist, und eine Zielsetzung, die nicht in ihr aufgeht. So erwacht das Bewußtsein von der Innerlichkeit und Weltenthobenheit der Person, die lebendig eingegeben ist im Transzendent-Absoluten[106]). Indem Guardini die Selbstzwecklichkeit der Person betont, übernimmt er Gedanken von Kant, der die Person »als Zweck an sich selbst« definiert. Ansonsten steht Guardini Kant kritisch gegenüber, insbesondere Kants transzendentalem Subjekt.

Wie ersichtlich geworden ist, bedarf für Guardini die Gesellschaft der personalen Ordnung. Es genügt nicht, die konventionell-formalen Ordnungsformen zu akzeptieren. Wichtigstes Kriterium der personalen Ordnung ist es, daß der Mensch nicht Mittel zum Zweck wird, sondern daß er seine Einzigartigkeit zur Entfaltung bringen kann. Ob dies in Guardinis Entwurf zu einer personal gestalteten Gesellschaft zutrifft, gilt es zu untersuchen.

---

105) Ebenso wie Guardini konnte sich Albert Schweitzer die Veränderung der gesellschaftlichen Verhältnisse nur durch eine starke Gesinnung vorstellen. Diese Gesinnung hatte aus dem Geiste zu kommen, d. h. aus dem Inneren des Menschen (vgl. Watzal, 1985b, 44 ff.).

106) Vgl. Guardini, 1926a, 50.

2.7 Gesellschaft als personale Gemeinschaft

Im Gegensatz zur Gesellschaft ist eine Gemeinschaft kein Interessenverband. Sie ist vielmehr eine naturgewachsene Einheit von Menschen, die auf unbewußt wirkenden Grundkräften eines die einzelnen gefühlsmäßig verbindenden Wesenswillens, des Verstehens und Vertrauens, der Liebe und Treue beruht. Gemeinschaft verwirklicht sich deshalb zuerst in der Familie und dann im Volk. Sie führt hier zur Ausprägung einer gemeinsamen, die Gemeinschaft tragenden Kultur. Neben diesen natürlichen Grundlagen existieren aber auch die geistigen und seinsmäßigen. Grundgelegt ist die Gemeinschaft im Wesen des Menschen, wie bereits Aristoteles festgestellt hat. Dabei handelt es sich um eine strukturierte Gemeinschaft. Nach christlicher Auffassung ist der Mensch mit seinen gesellschaftlichen Anlagen vom Transzendent-Absoluten geschaffen, um sich mit allen seinen Anlagen zur größeren Ehre des Transzendent-Absoluten einzusetzen[107]).

Daneben hat die Gemeinschaft den Willen und die Verantwortlichkeit der Vielen anzuerkennen, die Vielheit der Personen hat aber auch die Einheit zu achten und sie verantwortungsvoll mitzutragen. Die Einheit der Gemeinschaft beruht darauf, daß die Mitglieder nach gemeinsamen Zielen und Aufgaben streben. Diese kulminieren im Gemeinwohl. Da eine Gemeinschaft aus einzelnen besteht und getragen wird, hat sie deren Entfaltung zu fördern, nicht aber unnötig einzuschränken. Eine Gemeinschaft hat dann nur solche Aufgaben auszuführen, die nicht mehr vom einzelnen Mitglied ausgeführt werden können.

Mit dieser Annahme hat eine politische Gemeinschaft die Aufgabe, sich menschlich zu organisieren. Dadurch ermöglicht sie individuelle Sittlichkeit. Nicht nur der einzelne hat ihr

---

[107]) Vgl. Quadragesimo Anno, Nr. 118.

gegenüber sittliche Verpflichtung, sondern auch sie hat dem einzelnen gegenüber die Verpflichtung, Menschlichkeit in ihrem Raum zu ermöglichen. Eine menschliche politische Ordnung macht den einzelnen menschlicher, so wie der verantwortungsbewußte einzelne dazu beiträgt, den politischen Raum menschlich zu gestalten.

Für Guardinis Vorstellungen von Gemeinschaft ist es wichtig, auf seine Lehre vom Gegensatz einzugehen, da es zum Wesen alles Lebendigen gehört, aus Gegensätzen aufgebaut zu sein. Auf die Gemeinschaftskonzeption bezogen, impliziert das Gegensatzdenken die Identität in der Differenz. »Leben ist Einheit der Gegensätze. Und Gemeinschaft versteht und hat nur der, welcher Gegensätze ertragen, ja mit anders Gerichteten in der gleichen Lebenseinheit auskommen und schaffen kann. Sonst ists keine Gemeinschaft, sondern Partei«[108]). Dieses Gegensatzdenken kann nur vom Menschen her verstanden werden. Seine Gültigkeit reicht an sich über das Menschliche hinaus; umfaßt alles, was lebendig ist. Der Gegensatz ist die Weise des menschlichen Lebens. Diese Gegensätze bilden jedoch eine Einheit. Das Leben umfaßt immer beide Seiten der Gegensätze. Nie kann es nur aus einem hervorgehen. Die volle Verwirklichung des Einzellebendigen geschieht erst in der Gemeinschaft[109]).

Gilt das für das Gegensatzverhältnis konstitutive Moment der

---

[108]) Guardini, 1921 f, 105.

[109]) Vgl. ders., 1925, 172 ff.
Die Denkart des Gegensatzes geht auf die Pythagoreer zurück, die den Gegensatz als Prinzip des Seienden empfunden haben. Dieses Gegensatzdenken durchzieht die gesamte Philosophiegeschichte. Es tritt u. a. bei Platon, Aristoteles, Johannes Scotus Eriugena, beim deutschen Idealismus, bei Goethe, Kierkegaard sowie bei der Romantik auf. Das 20. Jahrhundert ist stark vom Gegensatzdenken geprägt. Seine wichtigsten Vertreter sind Schopenhauer, Kierkegaard, Nietzsche, Bergson, Simmel, Scheler und Nicolai

relativen Einschließung auch im Verhältnis des Individuums zur Gesellschaft?

Guardini bejaht diese Frage und begründet seine Ansicht damit, daß er sich gegen die individualistische Denkweise ebenso absetzt wie gegen die kollektivistische. Er plädiert für einen Solidarismus. Er sieht als Mittelpunkt die Person, jedoch nicht in ihrer Vereinzelung, sondern in ihrer gesellschaftlichen Stellung. Der Solidarismus geht von der »Gottebenbildlichkeit« des Menschen aus. Sein Dasein erfüllt sich in der Verwirklichung von Werten durch freie Entscheidung für das Gute. Diese Wertverwirklichung ist nur möglich in der Gebundenheit der Person an die Gemeinschaft; sie gehört wesensmäßig zur Person als ens soziale. Auf der anderen Seite ist die Gemeinschaft an die Person gebunden, so daß Person und Gemeinschaft wechselseitig zueinander stehen. Guardini vertritt in seiner Konzeption der Gemeinschaft somit einen Solidarismus. Für ihn bedeutet er, daß der einzelne und die Gruppe, soweit sie im Gegensatzverhältnis stehen, nicht von einander abgeleitet werden können. Jeder hat sein ursprüngliches Wesen; keiner kann ohne den anderen sein, sondern ist von vornherein im anderen mitgegeben. In jedem einzelnen ist immer schon die Gesamtheit vorhanden.

In seinen gesellschaftspolitischen Vorstellungen spricht Romano Guardini weniger von Gesellschaft als von Gemeinschaft. Sie bedeutet, den anderen Menschen in seinem Wesen zu erblicken, um ihn zu wissen. Sie ist kein Zusammenschluß von Naturwesen, sondern ist die freie, wechselseitige Hingabe sittlicher Persönlichkeiten. Gemeinschaft ist nicht die Addition einzelner Individuen, sondern sie ist getragen von der Idee, ein höheres, vollkommeneres Leben zu erreichen als dies dem einzelnen allein möglich ist. Dabei ist darauf zu achten, daß jeder

---

Hartmann (vgl. Gerl, in: Seidel, 1985, 60). Dazu Beierwaltes, in: Ritter, 1974, 105 ff.

einzelne er selber zu sein hat, jeder seinen Weg geht und das Seinige tut. Die »eigentliche Gemeinschaft« hat ihren Kristallisationspunkt darin, daß man den anderen anerkennt, nicht nur in seiner Eigenart, sondern auch in seiner Fremdheit. Guardini hält es für möglich, daß der Mensch im letzten überhaupt nicht verstanden werden kann. Die Beziehungen zwischen den Menschen gehen vielleicht aus einem Unbekannten in ein Unbekanntes[110]).

»Gemeinschaft ist in eigenem Wesensgesetz gründende Ordnung, die alle umgreift, aber ohne den einzelnen zu zerstören. Sie wird nicht durch mich geschaffen, sondern besteht in sich, und ich habe mich neben die anderen einzuordnen. Gemeinschaft hat nicht, wer einen Kreis schafft, der Widerhall seines Wesens ist, sondern wer mit anderen, die sind, wie sie eben sind, in einer gegenständlichen Ganzheit steht. Gemeinschaft lebt nicht, wer Menschen auswählt und sie, sei's auch nur in Gedanken, nach eigenen Wünschen formt, sondern wer ihre leibhafte Gegenwart ergreift, ihre wirklichen Lebensinhalte, ob Freude oder Not, zu eigen nimmt; wer sein Ich-bewußtsein einweitet in das Gemeinschaftsbewußtsein. Wohl macht auch dies Ausdrucksverhalten die Gemeinschaft zum ›größeren Ich‹ und dehnt damit die eigenen Ausdrucksmöglichkeiten aus. Dabei formt es aber nicht die Gemeinschaft nach eigenem Bilde; sie achtet vielmehr deren Eigengehalt und Eigengesetzlichkeit und überbildet sie. Dabei ist freilich vorausgesetzt, daß wie zwischen dem Menschen-Innern und den äußeren Formen und Bewegungen des Körpers, wie zwischen dem Menschen und den Dingen, so auch zwischen dem einzelnen Menschen und der objektiven Gemeinschaft eine ›prästabilierte Harmonie‹ bestehe. Und von der einzelnen empirischen Gemeinschaft ist gefordert, daß

[110]) Vgl. Guardini, 1952e, 29ff; ders., 1916d, 405; ders., 1953c, 388.

sie wesensgemäß gebaut ist, damit solche Harmonie auch wirklich hervortreten könne«[111]).

Obwohl der einzelne Mensch und die Gemeinschaft nicht voneinander abzuleiten sind, gehören sie doch zusammen. Das Geheimnis der Gemeinschaft liegt darin, daß die Menschen etwas Gemeinsames haben, eine gleiche Art in ihrem Wesen, die Ziele ihres Strebens und zugleich, daß sie verschieden sind, d. h. in ihren Ansichten und Veranlagungen. Das Tiefste der Gemeinschaft liegt im Zusammengehörigkeitsbewußtsein für die Sache des »Reiches Gottes« und in der Verantwortung vor ihm.

Guardinis Gemeinschaftsbeziehungen beruhen auf zwei entgegengesetzten Formen der Seelenhaltung und Seelenbewegung. Das eine ist die der Hingabe. Sie gibt dem anderen Anteil an den eigenen materiellen Gütern und gesellschaftlichen Vorteilen; weiter ist es ein Mitteilen des eigenen Innern durch gegenseitiges Vertrauen: endlich jenes begrifflich nicht mehr auflösbare Annähern, Verwachsen der Persönlichkeit, die Liebe. Sie gibt dem Menschen Mut zum Opfer und Kraft zur Demut, verleiht ihm die Stetigkeit und Ausschließlichkeit der Treue. Durch sie wird die Hingabe zur Pflicht, und so kann Selbstsucht, Furchtsamkeit und Wankelmut überwunden werden. Dieses Gemeinschaftsbewußtsein darf jedoch nicht überhandnehmen. Es wird durch das Streben der Seele nach Selbsterhaltung, nach Abstand zwischen sich und dem anderen ausgeglichen. Konkret drückt es sich darin aus, daß man das Recht auf die eigene Überzeugung wahrt, die Unabhängigkeit des Urteils, die Selbständigkeit des Entschlus-

---

111) Guardini, 1923, 68.
Ein Grund, warum Guardini für Gemeinschaft als gesellschaftliche Organisationsform plädiert, kann darin liegen, weil er sich zu Beginn seiner Berliner Zeit 1923 mit Helmuth Plessners »Grenzen der Gemeinschaft« auseinandergesetzt hat. Der Einfluß Plessners wird bei Guardini an einigen Stellen deutlich, und zwar dort, wo Guardini auf die Grundlagen der Gemeinschaft zu sprechen kommt.

ses und die Verantwortung behauptet. Auf der anderen Seite verlangt die Idee, daß es eine Gemeinschaft selbständiger Persönlichkeiten sei. Sie begründet die Überzeugung, daß der Mensch dem Menschen nie Mittel zum Zweck, sondern stets nur Selbstzweck sein kann; daß die Freiheit seines Gewissens, seines Urteils, seines Entschlusses unantastbar ist, d. h. um jede Persönlichkeit liegt ein Ring der Unantastbarkeit, der nicht gebrochen werden darf, oder nur, wenn es der einzelne will. Darin zeigt sich erst der Zweck aller Gemeinschaft. Die Hingabe sprengt die Individualität. Beide Elemente, Einsamkeit und Gemeinsamkeit – Einswerden und Abstand halten – bilden erst die vollkommene Gemeinschaft. Alles kann gemeinsam sein, nur nicht die Persönlichkeit. Ihre Selbständigkeit darf nicht angegriffen werden. Damit ist nach Guardini die Grundlage für eine Ethik der Gemeinschaft gelegt. Erlaubt ist die Hingabe von allem, und unvollkommen ist jene Gemeinschaft, in der der eine sich oder das Seine dem anderen vorenthält. Andererseits ist es das Recht der Persönlichkeit, unverletzt in sich zu stehen. Eine Gemeinschaft wird unsittlich, wenn diese Grenze überschritten wird[112]).

Guardinis Gemeinschaftskonzeption ist geprägt von der überragenden Rolle, die der einzelne in ihr spielt. Er will wie auch Kant den Menschen nur als Selbstzweck behandelt wissen. Er wendet sich gegen jeden Eingriff in die Persönlichkeitsrechte des einzelnen, damit ist er seiner Zeit voraus. Ob ein Sich-gegenseitig-Verschenken eine realistische Sichtweise für die heutige hochtechnisierte Gesellschaft ist, darf bezweifelt werden.

Die Wurzel des Gemeinwesens liegt demnach für Guardini in der Struktur des Menschen. Dies drückt sich in seiner Individualität aus. Auf der anderen Seite hat das Gemeinschaftselement sein eigenes Sinnzentrum. Beide sind aber keine getrennten

---

[112]) Vgl. Guardini, 1921, 22; ders., 1916d, 403 ff; ders., 1923b, 8 f; ders., 1922b, 261 f.

Realitäten; sie finden sich im selben Menschen. Jede Gemeinschaft weiß sich getragen von Persönlichkeiten, die jede für sich eine geschlossene Welt von einmaliger Eigenart bilden. Die Gemeinschaftsbildung geschieht nicht durch eine Verbindung von Individual- oder Gemeinschaftselement, sondern sie geschieht aus der personalen Hingabe in Liebe und Treue. Diese wird von den beschriebenen gegensätzlichen Beziehungen überall umwirkt, steht aber selbst über ihnen. Die Aufgabe der personalen Treue besteht darin, die Lockerung der »enantiologischen Bindungen« zu überwinden[113]).

Wirkliche Gemeinschaft zeigt sich für Guardini im Dienst am Menschen. Dieser Dienst fordert, daß der einzelne auf die anderen Rücksicht nimmt, deren Eigenständigkeit anerkennt, sich in die gemeinsame Ordnung einfügt, auch wenn er dabei auf eigene Wünsche verzichten muß. Der Charakter der Gemeinschaft liegt darin, daß sie Autorität und Hoheit besitzt. Diese Elemente gehen dem modernen Staat ab. Autorität wird von Guardini im sittlichen Sinne verstanden, d. h. der einzelne kann sittlich verpflichtet werden und sich nicht nur auf die Geltung allgemein verbindlicher sittlicher Gesetze berufen. Dies hat immer innerhalb eines Normensystems zu geschehen. Die sittliche Bindung geschieht im Gewissen. Dagegen behauptet der Positivismus, daß der Staat keine Befugnis hat, den einzelnen zu binden, da ihre Beziehungen auf rein nützlichen Überlegungen beruhen. Aus Nützlichkeit entsteht niemals eine Pflicht. Autorität bedeutet nicht, daß man unter der Leitung des Staates sittlich handelt, sondern daß man sich durch das Gesetz im Gewissen gebunden fühlt. Wären die Gesetze nur reine Nützlichkeitsregeln, dann würden sie niemals ganz durchdringen. Der einzelne würde nicht einsehen, warum das Urteil des Gesetzgebers besser wäre als das seine[114]).

---

113) Vgl. Guardini, 1923b, 27 f; ders., 1921c, XVIII; ders., 1925, 161.
114) Vgl. ders., 1966c, 108; ders., 1953c, 392.

Guardini gibt auch diesmal keine philosophische Begründung für seine Gemeinschaftskonzeption, sondern bleibt dem Theologischen verhaftet. Er bezeichnet die »Heilige Dreifaltigkeit« als Magna Charta jeder menschlichen Gemeinschaft. Diese ist in all ihren Formen ein vestigium Trinitatis und das Vorbild. Er wendet das Geheimnis Christi auf die Gemeinschaft an. Durch ihn sind nach christlicher Lehre die Menschen wiedergeboren und zur Teilnahme an der göttlichen Natur aufgerufen. Dadurch sind die Menschen mit dem Transzendent-Absoluten vereinigt, eine Verbundenheit, die über alles hinausgeht, die aber real ist. Diese Verbindung gibt allen Menschen die sittliche Kraft, das Ideal der Gemeinschaft zu verwirklichen. Der Mensch hat somit in der Trinität nicht nur das Vorbild der Gemeinschaft, sondern ihm ist auch die Kraft gegeben, dieses zu erreichen[115]).

Guardini bleibt bei der Begründung der Gemeinschaft seiner These treu, daß alles vom Transzendent-Absoluten kommt und in ihm gründet. Damit vertritt er traditionell katholisches Denken. Er stellt es nicht in Frage, akzeptiert es im umfassenden Anspruch, obwohl gerade diese Vorstellungen in bezug auf die Gemeinschaft in der Wirklichkeit keine Chance der Realisation haben. Seine Konzeption ist eher mikrokosmisch als makrokosmisch ausgerichtet. Sie läßt sich eher in einem Familienverband realisieren als in einer modernen Gesellschaft, die sich als Interessenverband versteht, in dem die verschiedenen politischen Vorstellungen in Konkurrenz zueinander treten. All dieses ist von Guardini nicht gesehen und mitbedacht worden.

Was er in Zukunft für eine Gemeinschaft als unabdingbare Elemente betrachtet, wird im folgenden deutlich: »Die echte Form des kommenden Staates wird jene sein, in welcher die Freiheit in lebendigem Bezug zu den immer stärker hervortretenden Ganzheiten steht. Dazu muß der Einzelne sich in deren Strukturen und Funktionen einfügen und dabei auf jene Vorbe-

---

[115]) Vgl. Guardini, 1916d, 405 f.

haltenheit und Bewegungsweite des individuellen Lebens, wie sie früher möglich war, verzichten, zugleich aber als Person an ihnen beteiligt, nicht nur als Individuum von ihnen erfaßt sein. Eine Verbindung von objektiver Sachlichkeit und individueller Beteiligung muß vollzogen werden, deren Form sich wohl in einzelnen Erscheinungen zeigt, aber noch nicht das Gesamtbild beherrscht. Zur Verwirklichung dieser Haltung wird etwas helfen, was, solange man von dieser Aufgabe absieht, nur negativ empfunden werden kann, nämlich eben jener Verlust an Originalität, jene Empfänglichkeit des nachneuzeitlichen Menschen für das Schema, von welchem die Rede war. Sie wird es ihm möglich machen, sich in die Ganzheit einzufügen, ohne das Schicksal zu erfahren, das der individualistisch Geartete dabei erfährt, nämlich in seiner Freiheit erdrückt zu werden«[116]).

Guardini hat deutlich die Gegensätze zwischen individueller Freiheit und Vergesellschaftung des Individuums gesehen. Einen Ausweg des einzelnen aus dieser Lage sah er darin, daß der Mensch sich in die Strukturen als Person und nicht als Individuum einpaßt. Ob diese inhaltliche Unterscheidung de facto zum Tragen kommt, ist zu bezweifeln, da in der Realität keine Unterscheidung zwischen dem Menschen als Person und dem Menschen als Individuum gemacht wird. Obwohl es diese philosophisch-theologische Unterscheidung gibt, kommt sie in der Wirklichkeit nicht zum Tragen.

Wenn Guardini von der »Vollendung der Gemeinschaft« im Transzendent-Absoluten spricht, weil hier Gemeinschaft und doch Selbstbewahrung der Person besteht, so ist dies von seiner Gesellschaftsphilosophie her zu verstehen. Denn er faßt Gemeinschaft als eine Gegensatzeinheit in der Vielheit ihrer Glieder. Dies wäre aber im Transzendent-Absoluten nur dann möglich, wenn die Gemeinsamkeit der »göttlichen Natur« als ein gegenüber zu den »göttlichen Personen« betrachtet werden

---

116) Vgl. Guardini, 1956, 30.

könnte. »Aber jede einzelne Person in Gott ist für sich ganz Gott und kann nicht der göttlichen ›Gemeinsamkeit‹ ›gegenübergestellt‹ werden«[117]).

Daß Guardini vor einer Apotheose der Gemeinschaft im totalitären Sinne gewarnt hat, ist evident[118]); er hat sich selbst für eine personale Gemeinschaft im christlichen Sinne eingesetzt und darin sein gesellschaftspolitisches Ideal gesehen. Die Grenze der Gemeinschaft lag für ihn dort, wo in die Persönlichkeitsrechte des einzelnen eingegriffen wird. Wo sich die Gemeinschaft selbst als letzte Sinninstanz versteht und dem einzelnen keinen Freiraum gewährt, bringt sie den Menschen um seine ureigenste Bestimmung und leistet damit der Unmenschlichkeit Vorschub. Der einzelne mit seinen Problemen wird an die Gesellschaft verwiesen, die dann seine Probleme lösen soll. Diese Balance kann nur gelingen, wo der Mensch bereit ist, sich selbst anzunehmen. Erst dann wird auch der andere akzeptiert. Dieser wird dann nicht mehr wegen seiner Bedürfnisse geachtet, sondern um seiner selbst willen in der Freiheit seiner eigenen Existenz. Nur aus dieser Haltung heraus kann die wahre Gemeinschaft entstehen.

---

[117]) Rauscher, 1958, 34.
[118]) Vgl. Schmucker-von Koch, 1985, 161.

Ausblick

In Anbetracht der eingangs aufgestellten Thesen, kann festgestellt werden, daß sie bestätigt worden sind.

Guardini geht es primär um eine Korrektur der Neuzeit dahingehend, daß ihre Werte »geheiligt« werden sollen, und nicht so sehr um das Ankündigen einer neuen Epoche oder einer Nachneuzeit. Diese hätte eintreten können, wenn sein Unterfangen Erfolg gehabt hätte; dies ist ihm jedoch zu seinen Lebzeiten nicht mehr beschieden gewesen. Auch heute ist die Entwicklung weiter denn je davon entfernt, sich am Transzendent-Absoluten auszurichten. Es ist im Gegenteil eine immer größer werdende religiöse Indifferenz festzustellen. Ebenso konnte festgestellt werden, daß Guardini »politisch« ist. Er versteht diesen Begriff dahingehend, daß ein philosophischer Analytiker die bestehenden gesellschaftlichen Verhältnisse einer sittlich-ethischen Kritik unterwirft. In diesem Sinne ist Guardini ein politischer Mensch. Die Ausrichtung des politischen Handelns an Normen und Werten ist ihm ein großes Anliegen.

Ebenso hat sich die dritte These materialisiert. Guardinis Werk ist explizit auch eine Kritik der neuzeitlichen Geistes- und Erkenntnishaltung, und zwar primär des Positivismus. Dieser empiristisch-zergliedernden Erkenntnishaltung, die für Sachen zutrifft, setzt er eine phänomenologisch-ganzheitliche Sichtweise entgegen, da sie dem Wesen des Menschen eher entspricht. Seine Erkenntnishaltung ist gegensätzlich strukturiert. Er löst diese Gegensätze nicht wie Hegel in einer Synthese auf, sondern läßt sie stehen; sie werden denkerisch weiterentwickelt.

Guardinis Beitrag zur politischen Philosophie besteht also nicht darin, daß er mit neuen Erkenntnissen über das Wesen des Politischen aufwartet, sondern eher darin, daß er einige Postulate und Erkenntnisse über das Wesen der Macht oder des

Staates, wie sie Hobbes oder Machiavelli in die Diskussion einführten, und die diese Diskussion bis dato beherrschen, nicht akzeptiert und ihnen seine Theorie vom Menschen und seinem Verhältnis zum Transzendent-Absoluten als Antithese entgegenstellt. Seine Ansicht vom Politischen als Verantwortung für das Ganze und die ethisch-sittliche Fundierung der Politik ist gerade heute hoch aktuell und einer Erörterung wert.

Welchen Einfluß hat nun die Kultur- und Gesellschaftskritik Romano Guardinis auf die technische Entwicklung der modernen Gesellschaft? Schon sei dem Beginn der Fortschrittskritik durch Jean Jacques Rousseau wurde in jeder historischen Epoche die Kultur einer Kritik unterzogen, ohne daß dadurch der Gang der Entwicklung wesentlich korrigiert worden wäre. Diese geringe Wirkung von Kulturkritik gilt auch für Guardini und die Kritische Theorie. Obwohl viele ihrer Einwände berechtigt und richtig sind, ist die kulturelle Entwicklung über sie hinweggegangen.

Die moderne Industriegesellschaft schickt sich an, technologisch ins dritte Jahrtausend vorzustoßen. Dieser Vorstoß mag politisch und ökonomisch berechtigt, ja wegen der Konkurrenz und dem internationalen Wettbewerb zwischen den Staaten, notwendig sein. Ist er dies auch vom menschlichen Gesichtspunkt aus? Welche Vorteile bringt dieser Technologieschub für den Menschen? Die Protagonisten des technischen Fortschritts begründen seine Notwendigkeit mit dem großen Nutzen für die Menschheit. Diese Begründung diente immer schon als Argument, jedwede Neuerung – auch die moralisch problematischste – als berechtigt durchzusetzen. Der Fortschrittsmythos auf eine immer bessere Zukunft hin, zeigt sich verhältnismäßig ungebrochen. Sein Anspruch ist wissenschaftlich schwer zu verifizieren, da jeder Fortschritt mit einem Rückschritt erkauft wird. Es scheint in der Wesensanlage des Menschen zu liegen, von der Zukunft immer Besseres zu erwarten. Die Frage, die man sich bei jeder technischen Neuerung zu stellen hat, ist aber die nach den Auswirkungen auf den Menschen und seine Umwelt. »Aus Sorge um den Menschen«, wie es Guardini genannt hat, bleibt im einzelnen die Frage, was von den technischen Möglichkeiten auch tatsächlich durchgesetzt werden soll. Es bleibt da die sittliche Verantwortung des einzelnen Wissenschaftlers vor seinem Gewissen und dem Transzendent-Absoluten. Gerade von der Seite der Naturwissenschaft her werden Stimmen laut, die das Unheil, das durch einen Teil der technischen Entwicklung über die Menschheit gekommen ist, in der »Gottlosigkeit« der Wissenschaftler sehen (Max Thürkauf). Für ihn gibt es ohne die Bindung an ein Transzendent-Absolutes keine Wissenschaft im Sinne der Suche nach der Wahrheit. Die Freiheit vom Transzendent-Absoluten brachte der Wissenschaft den »Unwert« einer sogenannten wertfreien Wissenschaft. Sie hat sich für wertfrei erklärt, als sie gottlos wurde, und damit wurde sie wertlos.

Wer ist für die technischen Erfindungen und ihre Folgen verantwortlich? Wie zu zeigen war, hat Guardini die Verantwortung des Menschen für das Ganze als ein Moment des Politischen an sich betont. Er hat jeden einzelnen angesprochen und ihm die Verantwortung für sein individuelles und soziales Handeln auferlegt. Jeder Wissenschaftler ist aus dieser Sicht für seinen Forschungsbereich und für die Ergebnisse persönlich verantwortlich. Er ist verantwortlich für den Menschen und für die Auswirkungen seiner Arbeit auf andere, und zwar soweit, als seine Handlungsmacht reicht. Er ist aber auch moralisch verantwortlich gegenüber dem Transzendent-Absoluten. Dies setzt aber eine Religiosität als Grundlage für die Moral voraus. Fühlen sich unsere Wissenschaftler wirklich diesem Anspruch verpflichtet?

Welche Probleme birgt die mit dem Fortschritt verbundene Technik? Die technische Entwicklung hat einen tiefen Wandel in der menschlichen Religiosität hervorgerufen. Einerseits ist der Zusammenhang des Menschen mit der organischen Natur durch die Technisierung des Lebens zerrissen worden. Andererseits hat dies verheerende Folgen für das geistige und religiöse Leben des Menschen. Durch die Technik wird der Mensch Herr über die Zeit. Der technische Rhythmus unterwirft den Menschen und sein inneres Leben seinen Gesetzen. Die Zeit verliert ihren überzeitlichen Charakter. Der Austritt aus dem Augenblick, wie es Sören Kierkegaard nennt, kann nicht mehr erfolgen. Die technische Beherrschung der Zeit erweist sich als eine Unterwerfung unter ihre Macht.

Die fortschreitende Technisierung hat die Umwelt zwar bedingt beherrschbar, aber nicht humaner gemacht. Mit dem Grad der Technisierung nahm die Inhumanität und Lieblosigkeit des Menschen zu. Die heutige Welt wird nicht nur entchristlicht, sondern auch dehumanisiert. Dies wird schon von Guardini festgestellt. Wie kann der Mensch dabei seine Menschlichkeit bewahren? Der Mensch kann nur Mensch bleiben, wenn er sich als Ebenbild des Transzendent-Absoluten begreift. Setzt sich aber das naturwissenschaftlich-evolutionistische Menschenbild weiter durch, so darf er alles machen, was er vor sich verantworten kann, und dies angesichts der immensen wissenschaftlich-technischen Möglichkeiten. Der Mensch kann also seine Humanität nur bewahren, wenn er die Balance zwischen der »vita activa« und der »vita contemplativa« aufrechterhält. Er muß sowohl in der Zeit stehen als auch sein Leben aus der inneren Beziehung zum Transzendent-Absoluten bestimmen. Gelingt ihm dies nicht, verliert sich der Mensch an die Seelenlosigkeit der Technik. Technik und Fortschritt werden ihm zum Glaubensinhalt. Die »Anbetung« der Technik wirkt sich unheilvoll auf den Charakter des Menschen aus, sie versklavt ihn. Die »Gottebenbildlichkeit« des Menschen soll durch eine »Maschinenebenbildlichkeit« ersetzt werden. Der Mensch liefert sich an die Technik aus und verliert seine Entscheidungsfreiheit.

Die technische Entwicklung bedroht also nicht nur die Freiheit, sondern auch die Würde des Menschen. Auf der einen Seite werden durch Rationalisierungen menschliche Energien freigesetzt, d. h. die Freiheit des Menschen wächst. Von den Vertretern der Kritischen Theorie ist dieser Aspekt oft nicht hinreichend gewürdigt worden. Sie betonen in einseitiger Art und Weise die negativen Auswirkungen der technischen Entwicklung und Rationalität. Der grundsätzlichen Freiheit des Menschen wird ein Determinismus gegenübergestellt, der die Freiheit nur noch als Karikatur erscheinen läßt.

Die Gefahr, die durch die fortschreitende Technisierung und Rationalisierung der Lebensbereiche entsteht, liegt in der zunehmenden Funktionalisierung. Sie verstärkt die »Eindimensionalität« des Menschen. Sie stellt Würde und Freiheit in Frage, da Würde und Freiheit die Beschränkung des Menschen auf seine gesellschaftlichen Funktionen nicht zulassen. Alle Werte und die abgeleiteten Postulate sind willkürliche Behauptungen, wenn man sie nur immanent deutet. Würde und Freiheit bedürfen einer transzendenten Begründung, wenn sie unantastbar sein sollen. Daraus läßt sich ableiten, daß beide nur bewahrt werden können, wenn die technische Entwicklung dem Primat des Geistes unterworfen wird. Dies vermag der menschliche Geist aber nur mit Hilfe und in Bindung an das Transzendent-Absolute. Die Frage und somit die Alternative, die sich dem neuzeitlichen Menschen heute stellt, ist: entweder Abfall des Menschen vom Transzendent-Absoluten und Unterwerfung unter die Technik – dies ist bis dato in ausreichendem Maße geschehen – oder Rückkehr des Menschen zum Transzendent-Absoluten und Herrschaft über die Technik. Um also die Maschine, die Industrie und die Technik wirklich in den Dienst des Menschen stellen zu können, muß man sie in den Dienst einer Ethik der Person stellen, d. h. in den Dienst der Freiheit, wie Guardini es fordert. Die rationalistische Illusion besteht gerade darin, daß sie nicht die Notwendigkeit der Entscheidung zwischen der Idee einer wesentlich industriellen und einer wesentlich menschlichen Zivilisation begreift. Für eine menschliche Zivilisation ist die Technik nur ein Instrument, d. h. Gesetzen unterworfen, die nicht die ihren sind, sondern weit über sie hinausgehen, denen sie unterzuordnen ist. Es darf kein mechanistischer Reduktionismus erfolgen, der die Menschen einer technischen Eigengesetzlichkeit unterwirft.

Wie sieht die gesellschaftliche Entwicklung der Zukunft aus? Schon Guardini meinte in den 50er Jahren, von einer Nachneuzeit sprechen zu können. Die Annahme eines Epochenbruches wurde seither diskutiert. Seit einigen Jahren ist verstärkt davon die Rede, die Industriegesellschaften befänden sich auf dem Weg in eine »postmoderne« Zeit. Eingeleitet wurde diese Diskussion mit einer »Silent Revolution«, die sich in Form eines Wertewandels von materiellen zu postmateriellen Werten in den Industriestaaten vollzogen haben soll. Begriffsänderungen, die eine nachfolgende Entwicklung kennzeichnen sollen, sind häufig nur Abgrenzungsversuche zur vorherigen Zeit, ohne eigene inhaltliche Ausprägung. Selbst neuere Begriffe, wie sie für die Architektur als »postmoderne« Entwicklung in Anspruch genommen werden, deuten noch keinen grundsätzlichen Wandel an.

Worin zeigt sich ein Epochenbruch? Offensichtlich reichen Indizien wie Wertewandel oder architektonische Veränderungen nicht aus, um von einer neuen Epoche sprechen zu können. Die geistesgeschichtliche Entwicklung befindet sich bewußtseinsmäßig immer noch in der Epoche der Neuzeit. Die Ideen, die sich seit Descartes Bahn gebrochen haben, bestimmen nach wie vor das menschliche Bewußtsein, das in immer veränderten Formen des »Zeitgeistes« seinen Ausdruck findet. Von einer neuen Epoche zu sprechen wäre deshalb verfrüht, weil die herrschenden Ideen sich noch nicht geändert haben. Nach wie vor bestimmen Rationalismus, Empirismus, Positivismus etc. das neuzeitliche Bewußtsein. Das Weltbild ist trotz Interdependenz und aller anderen neuzeitlichen Probleme das gleiche geblieben. Der Mensch steht nach wie vor im Mittelpunkt. Er ist

Kristallisationspunkt und Quelle der Wahrheit. Solange es zu keiner Verschiebung dieses Erkenntnisschwerpunktes kommt, kann nicht von einer neuen geistesgeschichtlichen Epoche gesprochen werden. Die Gesellschaft befindet sich noch im Stadium der Neuzeit, wie dies bereits in Guardinis Analyse deutlich geworden ist, der ebenfalls von einer kommenden Epoche sprach und damit eigentlich die gesamte Neuzeit meinte. Es ist vor der Vorstellung einer vorschnellen Zeitenwende zu warnen, die mehr als nur einen Geschmackswandel zeigt. Es ist deshalb nicht legitim, von einem »postmodernen« Bewußtsein zu sprechen. Vielmehr handelt es sich um ein sensibilisiertes neuzeitliches Bewußtsein. Eine neue Epoche bedürfte auch neuer utopischer Energien, deren Erschöpfung just von Jürgen Habermas beklagt worden ist. Solange es dem modernen Menschen nicht gelingt, sich selbst zu transzendieren, – seine Existenz auf eine Transzendenz hin auszurichten –, solange muß vom Verbleib in der Neuzeit gesprochen werden. Erst wenn der Mensch beginnt, Abschied vom Anthropozentrismus zu nehmen, nicht mehr Quelle letzter Gewißheit sein will, ist es berechtigt, von einem Epochenwandel zu sprechen. Erst wenn es eine neue Offenheit des Menschen gegenüber dem Transzendent-Absoluten gibt, kann der Mensch auch ein neues Eigengewicht gegenüber den funktionalen Mechanismen der Gesellschaft und der Technik gewinnen. Dazu bedarf es aber einem Mut zur Demut, und dieser ist noch nirgends in Sicht.

Literaturverzeichnis

Primärliteratur

Guardini, Romano: 1916a, Der religiöse Gehorsam, in: Pharus, 7, 2, S. 737–744
Ders., 1916b, Zum Begriff der sittlichen Freiheit, in: Pharus, 7, 2, S. 977–989
Ders., 1916c, Zum Begriff des Befehls und des Gehorsams, in: Pharus, 7, 2, S. 834–843
Ders., 1916d, Die Bedeutung des Dogmas vom dreieinigen Gott für das sittliche Leben der Gemeinschaft, in: Theologie und Glaube, 8. Jg., S. 400–406
Ders., 1918, Vom Geist der Liturgie, 3. Aufl., Freiburg
Ders., 1920a, Vom Sinn des Gehorsams, in: Die Schildgenossen, 1. Jg., 1, S. 33–41
Ders., 1920b, Thule oder Hellas?, in: Der Wächter, 3, S. 2–16; 66–79
Ders., 1920/21, Universalität und Synkretismus, in: Jahrbuch des Verbandes des Vereins Katholischer Akademiker zur Pflege der katholischen Weltanschauung, S. 150–155
Ders., 1921a, Gottes Werkleute, Burg Rothenfels
Ders., 1921b, Das Objektive im Gebetsleben, in: Jahrbuch für Liturgiewissenschaft, Münster
Ders., 1921c, Lucie Christine, Geistliches Tagebuch, hg. v. A. Poulain, Düsseldorf
Ders., 1921d, Gehorsam und Selbständigkeit, in: Die Schildgenossen, 1. Jg., 3, S. 77–78
Ders., 1921e, Katholische Religion und Jugendbewegung, in: Die Schildgenossen, 2. Jg., 2. S. 96–110
Ders., 1921f, Richtungen, in: Die Schildgenossen, 1. Jg., 4, S. 103–105
Ders., 1921g, Vom Sinne des Gehorchens, in: Die Schildgenossen, 1. Jg., 4, S. 115–120
Ders., 1921h, Das Objektive im Gebetsleben, in: Jahrbuch für Liturgiewissenschaft, Bd. 1, Münster, S. 117–125
Ders., 1922, Quickborn, 2. Aufl., Burg Rothenfels
Ders., 1922b, Das Erwachen der Kirche in der Seele, in: Hochland, 19. Jg., S. 257–267
Ders., 1922c, Das Argumentum ex pietate beim hl. Bonaventura und Anselms Dezenzbeweis, in: Theologie und Glaube, S. 156–165
Ders., 1923a, Liturgische Bildung, Burg Rothenfels
Ders., 1923b, Vom Sinn der Kirche, Mainz

Ders., 1923c, Auf dem Wege, Mainz
Ders., 1924a, Neue Jugend und katholischer Geist, Mainz
Ders., 1924b, Rettung des Politischen, in: Die Schildgenossen, 4. Jg., S. 112–121
Ders., 1924c, Eine neue politische Wirklichkeit, in: Die Schildgenossen, 4. Jg., S. 448–453
Ders., 1925a, Der Gegensatz, Mainz
Ders., 1925b, Briefe aus Italien, in: Die Schildgenossen, 5. Jg., S. 17–25
Ders., 1925c, Briefe aus Italien, in: Die Schildgenossen, 5. Jg., S. 155–167
Ders., 1925d, Über die Möglichkeit öffentlichen Sprechens, in: Die Schildgenossen, 5. Jg., S. 239–242
Ders., 1925e, Zum politischen Problem des Völkerbundes, in: Die Schildgenossen, 5. Jg., S. 288–291
Ders., 1925f, Briefe aus Italien, in: Die Schildgenossen, 5. Jg., S. 351–361
Ders., 1925g, Vom liturgischen Mysterium, in: Die Schildgenossen, 5. Jg., S. 385–414
Ders., 1926a, Die Gefährdung der lebendigen Persönlichkeit, in: Die Schildgenossen, 6. Jg., S. 33–52
Ders., 1926b, Über Sozialwissenschaft und Ordnung unter Personen, in: Die Schildgenossen, 6. Jg., S. 125–150
Ders., 1926c, Gedanken über das Verhältnis von Christentum und Kultur, in: Die Schildgenossen, 6. Jg., S. 281–315
Ders., 1927, Briefe vom Comer See, Mainz
Ders., 1928, Reflektierter Glaube, in: Die Schildgenossen, 8. Jg., S. 216–237
Ders., 1929, Logik und religiöse Erkenntnis, in: Die Schildgenossen, 9. Jg., S. 179–206
Ders., 1930, Die Lehre im Neuen Testament, in: Die Schildgenossen, 10. Jg., S. 97–125
Ders., 1932a, In Spiegel und Gleichnis, Mainz
Ders., 1932b, Der Mensch und der Glaube, Leipzig
Ders., 1932c, Bücher und Bilder, in: Die Schildgenossen, 12. Jg., S. 133–136
Ders., 1933a, Das Wunder und das Bild vom Menschen und von der Welt, in: Die Schildgenossen, 13. Jg., S. 1–15
Ders., 1933b, Gedanken über politische Bildung, in: Die Schildgenossen, 13. Jg., S. 177–182
Ders., 1933c, Wille und Wahrheit, Mainz
Ders., 1934, Das Ärgernis und das Herz, in: Die Schildgenossen, 13. Jg., S. 492–511

Ders., 1934/35, Der Heiland, in: Die Schildgenossen, 14. Jg., S. 97–116
Ders., 1937, Drei Psalmen, in: Die Schildgenossen, 16. Jg., S. 225–245
Ders., 1938a, Zum christlichen Begriff der Welt, in: Die Schildgenossen, 17. Jg., S. 397, 422
Ders., 1938b, Die Bereiche des menschlichen Schaffens, in: Die Schildgenossen, 17. Jg., S. 321–334
Ders., 1938c, Zum christlichen Begriff der Welt, in: Die Schildgenossen, 17. Jg., S. 1–19; S. 97–114
Ders., 1939a, Was Jesus unter der Vorsehung versteht. Christliche Besinnung 1, Würzburg, S. 1–16
Ders., 1939b, Glaubensgeschichte und Glaubenszweifel. Christliche Besinnung 5, Würzburg, S. 1–24
Ders., 1939c, Gottes Walten und die Freiheit des Menschen. Christliche Besinnung 3, Würzburg, S. 1–16
Ders., 1940a, Notizen zu einem Wesensbild des platonischen Denkens, in: Die Schildgenossen, 19. Jg., S. 105–111
Ders., 1940b, Das Fegefeuer. Christliche Besinnung 17, Würzburg
Ders., 1940c, Die Anbetung. Christliche Besinnung 21, Würzburg
Ders., 1940d, Gottes Geduld. Christliche Besinnung 23, Würzburg
Ders., 1940e, Die Heiligen. Christliche Besinnung 25, Würzburg
Ders., 1940f, Das Dogma. Christliche Besinnung 28, Würzburg
Ders., 1941, Das Auge und die religiöse Erkenntnis, in: Die Schildgenossen, 20. Jg., S. 108–116
Ders., 1945, Der Heilbringer in Mythos, Offenbarung und Politik, Stuttgart
Ders., 1946a, Vision und Dichtung, Tübingen/Stuttgart
Ders., 1946b, Zum Problem der Demokratie, Staatsbibliothek München
Ders., 1947/48, Vortrag über das Wesen von Krieg und Frieden, in: Herder-Korrespondenz, 2. Jg., S. 334–335
Ders., 1948, Erscheinung und Wesen der Romantik, in: Romantik, hg. v. Steinbüchel, Theodor, Tübingen/Stuttgart, S. 235–249
Ders., 1948/49, Auf der Suche nach dem Frieden, in: Hochland, 41. Jg., 2, S. 105–122
Ders., 1949a, Vom Leben des Glaubens, 3. Aufl., Mainz
Ders., 1949b, Das Recht des werdenden Menschenlebens, Stuttgart/Tübingen
Ders., 1950a, Das Ende der Neuzeit, Basel
Ders., 1950b, Die Bekehrung des Aurelius Augustinus, 2. Aufl., München

Ders., 1950c, Anfang, 2. Aufl., München
Ders., 1950d, Lebendiger Geist, Zürich
Ders., 1950e, Der Mythos und die Wahrheit der Offenbarung, in: Frankfurter Hefte, Bd. 2, S. 712–723
Ders., 1951a, Der Engel in Dantes göttlicher Komödie, 2. Aufl., München
Ders., 1951b, Die Macht, in: Geschichte in Wissenschaft und Unterricht, 2. Jg., S. 257–274
Ders., 1952a, Die letzten Dinge, 6. Aufl., Würzburg
Der., 1952b, Der Friede und der Dialog, in: Börsenverein (Hrsg.), Frankfurt, S. 35–48
Ders., 1952c, Kultbild und Andachtsbild, Würzburg
Ders., 1952d, Verantwortung, München
Ders., 1952e, Vom Sinn der Gemeinschaft, Zürich
Ders., 1952f, Glaube und Dasein, in: Wissenschaft und Weltbild, 5. Jg., S. 225–231
Ders., 1953a, Rainer Maria Rilkes Deutung des Daseins, 2. Aufl., München
Ders., 1953b, Grundlegung der Bildungslehre, Würzburg
Ders., 1953c, Über politische Ethik, in: Geschichte in Wissenschaft und Unterricht, 4. Jg., S. 385–405
Ders., 1953d, Politiker mit Ehrfurcht. Ein persönliches Wort zur Wahl, in: Politisch-soziale Korrespondenz, 2. Jg., S. 2–4
Ders., 1953e, Erwiderung, in: Unsere geschichtliche Zukunft. Ein Gespräch über Das Ende der Neuzeit zwischen Clemens Münster, Walter Dirks, Gerhard Krüger und Romano Guardini, Würzburg
Ders., 1954, Die Verantwortung des Studenten für die Kultur, in: Guardini, Romano/Dirks, Walter/Horkheimer, Max: Die Verantwortung der Universität, Weltbild und Erziehung 8, Würzburg
Ders., 1954/55, Die Begegnung, in: Hochland, 47. Jg., S. 224–234
Ders., 1955a, Welt und Person, 4. Aufl., Würzburg
Ders., 1955b, Hölderlin, 2. Aufl. München
Ders., 1955c, Gläubiges Dasein, 2. Aufl., Würzburg
Ders., 1955d, Wahrheit und Ordnung, München
Ders., 1955e, Der unvollständige Mensch und die Macht, Würzburg
Ders., 1956a, Christliches Bewußtsein, 3. Aufl., München
Ders., 1956b, Freiheit, Gnade, Schicksal, 4. Aufl., München
Ders., 1956c, Der Dienst am Nächsten in Gefahr, Würzburg
Ders., 1957, Der Sonntag gestern, heute und immer, Würzburg
Ders., 1958a, Religion und Offenbarung, Würzburg
Ders., 1958b, Die Kultur als Werk und Gefährdung, in: Studien und

Berichte der Katholischen Akademie in Bayern, hg. v. Forster, Karl, München
Ders., 1958c, Die Sinne und die religiöse Erkenntnis, 2. Aufl., Würzburg
Ders., 1958d, Landschaft und Ewigkeit, München
Ders., 1958e, Brief an Walter Dirks v. 28. April 1958, Staatsbibliothek München
Ders., 1960a, Sigmund Freud und die Erkenntnis der menschlichen Wirklichkeit, in: Der leidende Mensch, hg. v. Soborowitz, Arie, Düsseldorf-Köln, S. 204–219
Ders., 1960b, Vorschule des Betens, Leipzig
Ders., 1961a, Der Glaube in unserer Zeit, Würzburg
Ders., 1961b, Der Anfang aller Dinge, Würzburg
Ders., 1961c, Pro mundi vita – Die Verantwortung des Christen für die Welt, in: Statio Orbis. Eucharistischer Weltkongreß 1960, hg. v. Egenter, Richard/Pirner, Otto/Hofbauer, Hubert, München
Ders., 1962a, Sorge um den Menschen, Würzburg
Ders., 1962b, Das Gute. Das Gewissen und die Sammlung, 5. Aufl., Mainz
Ders., 1962c, Johanneische Botschaft, Würzburg
Ders., 1962d, Der Tod des Sokrates, 6. Aufl., Hamburg
Ders., 1962e, Das Wunder als Zeichen, in: Wunder und Magie. Studien und Berichte der Katholischen Akademie in Bayern, hg. v. Forster, Karl, München, S. 75–93
Ders., 1963a, Gebet und Wahrheit, 2. Aufl., Würzburg
Ders., 1963b, Unterscheidung des Christlichen, 2. Aufl., Mainz
Ders., 1963c, Weisheit und Psalmen, Würzburg
Ders., 1964a, Systembildende Elemente in der Theologie Bonaventuras, Leiden
Ders., 1964b, Nähe des Herrn, 3. Aufl., Würzburg
Ders., 1965a, Die Macht, 6. Aufl., Würzburg
Ders., 1965b, Stationen und Rückblicke, Würzburg
Ders., 1965c, Den Menschen erkennt nur wer von Gott weiß, 4. Aufl., Würzburg
Ders., 1965d, Die Menschliche Wirklichkeit des Herrn, 2. Aufl., Würzburg
Ders., 1965e, Die Kirche des Herrn, Würzburg
Ders., 1966a, Sorge um den Menschen, Bd. II, Würzburg
Ders., 1966b, Freiheit. Eine Gedenkrede, 2. Aufl., Würzburg
Ders., 1966c, Liturgie und Liturgische Bildung, Würzburg
Ders., 1967, Tugenden, 2. Aufl., Würzburg

Ders., 1968, Briefe über Selbstbildung, Mainz
Ders., 1970a, Zum Problem der Demokratie, in: Geschichte in Wissenschaft und Unterricht, Bd. 21, S. 711–716
Ders., 1970b, Verantwortung und Urteilsmöglichkeit in politischen Fragen in: Geschichte in Wissenschaft und Unterricht, Bd. 21, S. 719–721
Ders., 1970c, Über Loyalität, in: Geschichte in Wissenschaft und Unterricht, Bd. 21, S. 722–726
Ders., 1970d, Zum ethischen Problem unserer kulturellen Situation, in: Geschichte in Wissenschaft und Unterricht, Bd. 21, S. 726–732
Ders., 1970e, Gesichtspunkte für ein Gespräch über Freiheit, Demokratie und humanistische Bildung, in: Geschichte in Wissenschaft und Unterricht, Bd. 21, S. 732–739
Ders., 1970f, Das Phänomen der religiösen Erfahrung, in: Geschichte in Wissenschaft und Unterricht, Bd. 21, S. 740–749
Ders., 1970g, Zur Frage der Wiedereinführung der Todesstrafe, in: Geschichte in Wissenschaft und Unterricht, Bd. 21, S. 749–752
Ders., 1970h, Wille zur Macht oder Wille zur Wahrheit, in: Geschichte in Wissenschaft und Unterricht, Bd. 21, S. 752–759
Ders., 1975, Die Situation des Menschen, in: ders: Der Weg zum Mensch-Werden, Mainz
Ders., 1977a, Religiöse Gestalten in Dostojewskis Werk, 6. Aufl., München
Ders., 1977b, Die Existenz des Christen, 2. Aufl., Paderborn
Ders., 1980, Der Herr, Freiburg
Ders., 1982, Theologische Briefe an einen Freund, 3. Aufl., Paderborn
Ders., 1984, Berichte über mein Leben, hg. v. Henrich, Franz, Düsseldorf
Ders./Spranger, Eduard, 1956a, Vom sittlichen Leben, Würzburg
Ders./Bollnow, Otto F., 1956b, Begegnung und Bildung, Würzburg

Sekundärliteratur

Adorno, Theodor W., 1970, Negative Dialektik, Frankfurt
Améry, Jean, 1955, Romano Guardini, in: Ders., Karrieren und Köpfe, Zürich
Aristoteles, 1969, Nikomachische Ethik, Stuttgart
Ders., 1978, Politik, 3. Aufl., München
Aron, Raymond, 1970, Fortschritt ohne Ende?, Gütersloh

Babolin, Albini, 1968, Die religiöse Erfahrung bei Romano Guardini, in: Akten des 14. Internationlen Kongresses für Philosophie, Wien, Bd. 1, 2, S. 371–375
Balthasar, Hans Urs von, 1970, Romano Guardini, München
Beck, Heinrich, 1960, Dialektik oder Analogie als Bestimmungsprinzip der Pädagogik?, in: Vierteljahresschrift für wissenschaftliche Pädagogik, 36, S. 77–92
Becker, Werner (Hrsg.), 1969, Romano Guardini, Leipzig
Beierwaltes, Werner, 1974, Gegensatz, in: Historisches Wörterbuch der Philosophie, hg. v. Ritter, Joachim, Bd. 3, Basel, S. 105–117
Berdjajew, Nikolai A., 1971, Der Mensch und die Technik, Zürich
Berger, Peter L., 1973, Zur Dialektik von Religion und Gesellschaft, Frankfurt
Berglar, Peter, 1981, Geschichte – Heil – Heilsgeschichte, in: Kultur als christlicher Auftrag heute, hg. v. Paus, Ansgar, Kevelaer, S. 197–245
Berg-Schlosser, Dirk/Maier, Herbert/Stammen, Theo, 1981, Einführung in Politikwissenschaft, 3. Aufl., München
Bergsträsser, Arnold, 1966, Politik in Wissenschaft und Bildung, 2. Aufl., Freiburg
Berning-Baldeaux, Ursula, 1968, Person und Bildung im Denken Romano Guardinis, Würzburg
Beyme, Klaus von, 1976, Die politischen Theorien der Gegenwart, 3. Aufl., München
Binkowski, Johannes, 1981, Guardinis Beziehungen zur Sprache, in: Zur geistigen Gestalt Romano Guardinis, hg. v. Gerl, Hanna-Barbara, Burg Rothenfels, S. 17–38
Biser, Eugen, 1978a, Interpretation und Veränderung, in: Stimmen der Zeit 196. Jg., S. 819–832
Ders., 1978b, Vermächtnis und Anstoß, in: Theologische Revue, 74. Jg., Nr. 6, S. 443–450
Ders., 1979a, Interpretation und Veränderung, Paderborn
Ders., 1979b, Auf der Grenze zweier Welten, in: Stimmen der Zeit, Bd. 197, S. 269–277
Ders., 1985a, Romano Guardini: Wegweiser in eine neue Epoche, in: Christliche Weltanschauung Wiederbegegnung mit Romano Guardini, hg. v. Seidel, Walter, Würzburg, S. 210–240
Ders., 1985b, Wer war Romano Guardini?, in: Stimmen der Zeit, 7, S. 435–448
Ders., 1985c, Erkundung des Menschlichen, in: Wege zur Wahrheit, hg. v. Ratzinger, Joseph, Kardinal, Düsseldorf, S. 70–95

Ders., o. A., Gläubige Spiegelung. Zum Gottes- und Existenzverständnis Romano Guardinis, hg. v. Theatinerkreis im Quickborn, S. 17

Blumenberg, Hans, 1966, Die Legitimität der Neuzeit, Frankfurt

Ders., 1974, Säkularisierung und Selbstbehauptung, Frankfurt

Boeckenförde, Ernst-W., 1978, Der Staat als sittlicher Staat, Berlin

Boeckenhoff, Josef, 1970, Die Begegnungsphilosophie, Freiburg/München

Boesch, Ernst E., 1983, Die Kulturbedingtheit des Menschen, in: Mensch-Werden, Mensch-Sein, hg. v. Gordan, Paulus, Graz/Wien/Köln, S. 339–369

Bommer, Josef, 1975, Romano Guardini. Entdeckung der Kirche, in: Das geistliche Erbe Romano Guardinis, hg. v. Gerl, Hanna-Barbara, Burg Rothenfels, S. 25–44

Bracher, Karl D., 1980, Totalitarismus, in: Katholisches Soziallexikon, hg. v. Klose, Alfred/Mantl, Wolfgang/Zsifkovits, Valentin, 2. Aufl. Innsbruck/Wien/München, S. 3065–3074

Bracher, Karl D./Fraenkel, Ernst, 1973, Internationale Beziehungen, 3. Aufl. Frankfurt

Breitenstein, Desiderius, 1937, Guardinis christliche Anthropologie, in: Bildung und Erziehung, Bd. 3, S. 10–18

Bußhoff, Heinrich, 1983, Politikwissenschaft und das Problem der Freiheit, Freiburg/München

Copleston, Frederick, 1963, A History of Philosophy, Bd. 4, New York

Ders., 1974, A History of Medieval Philosophy, New York

Coreth, Emerich, 1972, Einführung in die Philosophie der Neuzeit, Bd. 1, Freiburg

Ders., 1980, Was ist der Mensch?, 3. Aufl., Innsbruck/Wien/München

Ders./Schöndorf, Harald, 1983, Philosophie des 17. und 18. Jahrhunderts, Bd. 8, Stuttgart/Berlin/Köln/Mainz

Curtius, Ernst R., 1948, Europäische Literatur und lateinisches Mittelalter, Bern

Dettloff, Werner, 1969, Sorge um die Welt. Der Nachlaß Romano Guardinis wartet auf seine Veröffentlichung, in: Rheinischer Merkur v. 26. 9. 1969

Ders., 1985, Geführt vom Gedanken, in: Bayernkurier v. 16. 2. 1985

Dempf, Alois, 1947, Die Krisis des Fortschrittsglaubens, Wien

Dirks, Walter, 1953, Das Ende der Neuzeit ist nicht das Ende des

Menschen, in: Unsere geschichtliche Zukunft. Ein Gespräch über Das Ende der Neuzeit zwischen Clemens Münster, Walter Dirks, Gerhard Krüger und Romano Guardini, Würzburg
Ders., 1964, Das schmutzige Geschäft? Die Politik und die Verantwortung der Christen, Olten
Ders., 1966, Romano Guardini, in: Tendenzen der Theologie im 20. Jahrhundert, hg. v. Schultz, Hans Jürgen, Stuttgart/Berlin, S. 248–252
Ders., 1968, Ein angefochtener, sehr treuer Christ, in: Die Zeit v. 11. 10. 1968
Ders., 1985a, Romano Guardini. Der Blick auf das Ganze, München
Ders., 1985b, Guardini und die Politik: Nähe und Distanz, in: Orientierung, Nr. 4, 49. Jg., v. 15. 2. 1985

Eisler, Rudolf (Hrsg.), 1930, Wörterbuch der philosophischen Grundbegriffe, Bd. 3, 4. Aufl., Berlin
Erdmann, Karl D., 1951, Das Ende der Neuzeit, in: Geschichte in Wissenschaft und Unterricht, 2. Jg., S. 211–215

Ferber, Walter, 1973, Romano Guardini, in: Zeitgeschichte in Lebensbildern, hg. v. Morsey, Rudolf, Mainz, S. 287–295
Forster, Karl, 1958, Christentum und demokratischer Sozialismus, München
Frankl, Viktor E., 1972, Der Mensch auf der Suche nach Sinn, Freiburg/Basel/Wien
Freud, Sigmund, 1974, Das Unbehagen in der Kultur, 24. Aufl., Frankfurt
Fries, Heinrich, 1949, Die katholische Religionsphilosophie der Gegenwart, Heidelberg

Gadamer, Hans G., Die Kultur und das Wort, in: Kultur als christlicher Auftrag heute, hg. v. Paus, Ansgar, Graz/Wien/Köln
Gerl, Hanna-B., (Hrsg.), 1975, Das geistliche Erbe Romano Guardinis, Burg Rothenfels
Ders., (Hrsg.), 1978, Person und Bildung. Gibt es ein Erbe Romano Guardinis?, Burg Rothenfels
Ders., (Hrsg.), 1981, Zur geistigen Gestalt Romano Guardinis, Burg Rothenfels
Ders., 1985a, Romano Guardini, Mainz
Ders., 1985b, Leben in ausgehaltener Spannung, in: »Christliche Weltanschauung.« Wiederbegegnung mit Romano Guardini, hg. v. Seidel, Walter, Würzburg, S. 59–79

Ders., 1985c, Durchblick aufs Ganze, in: Wege zur Wahrheit, hg. v. Ratzinger, Joseph, Kardinal, Düsseldorf, S. 32–69

Getzeny, Heinrich, 1931, Martin Buber, sein Werk und seine Bedeutung, in: Die Schildgenossen, 11. Jg., S. 229–237

Glockner, Hermann, 1968, Die europäische Philosophie von den Anfängen bis zur Gegenwart, 3. Aufl., Stuttgart

Goergen, Alois, o. A., Rothenfels und die Folgen, hg. v. Theatinerkreis im Quickborn, 16 S.

Görlitz, Axel, 1972, Handlexikon zur Politikwissenschaft, 2. Aufl., München

Gogarten, Friedrich, 1932, Politische Ethik, Jena

Grosche, Robert, 1955, Der geschichtliche Weg des deutschen Katholizismus aus dem Ghetto, in: Der Weg aus dem Ghetto, hg. v. Grosche, Robert/Heer, Friedrich/Becker, Werner/Schmidthüs, Karlheinz, Köln

Gundlach, Gustav, 1958a, Verantwortliches Christentum in Gesellschaft und Staat, Köln

Ders., 1958b, Katholizismus und Sozialismus, in: Christentum und demokratischer Sozialismus, hg. v. Forster, Karl, München, S. 11–27

Habermas, Jürgen, 1968, Technik und Wissenschaft als Ideologie, Frankfurt

Ders., 1985a, Die neue Unübersichtlichkeit, Frankfurt

Ders., 1985b, Der philosophische Diskurs der Moderne, Frankfurt

Ders./Luhmann, Niklas, 1971, Theorie der Gesellschaft oder Sozialtechnologie, Frankfurt

Hauser, Richard, 1960a, Macht, in: Herder Staatslexikon, 6. Aufl., Freiburg, S. 499–507

Ders., 1960b, Autorität, in: Herder Staatslexikon, 6. Aufl., Freiburg, S. 808–826

Hayek, Friedrich A. von, 1979, Die drei Quellen der menschlichen Werte, Tübingen

Heilbroner, Robert L., 1976, Die Zukunft der Menschheit, Frankfurt

Hengstenberg, Hans-E., 1984, Philosophische Anthropologie, 4. Aufl., München/Salzburg

Henning, Rudolf, 1980, Katholische Soziallehre, in: Katholisches Soziallexikon, hg. v. Klose, Alfred/Mantl, Wolfgang/Zsifkovits, Valentin, Innsbruck/Wien/München

Hennis, Wilhelm, 1977, Politik und praktische Philosophie, Stuttgart

Henrich, Dieter, 1976, Die Grundstruktur der modernen Philosophie,

in: Subjektivität und Selbsterhaltung, hg. v. Ebeling, Hans, Frankfurt
Henrich, Franz, 1985, Leben, Persönlichkeit und Charisma Romano Guardinis, in: Wege der Wahrheit, hg. v. Ratzinger, Joseph, Kardinal, Düsseldorf, S. 9–31
Hirschberger, Johannes, 1979, Geschichte der Philosophie, Bd. 2, 10. Aufl. Freiburg/Basel/Wien
Höffe, Otfried, 1979, Ethik und Politik, Frankfurt
Hoffmeister, Johannes (Hrsg.), 1955, Wörterbuch der philosophischen Grundbegriffe, 2. Aufl., Hamburg
Holzamer, Karl, 1965, Würde und Wagnis der menschlichen Person, in: Personale Erziehung, hg. v. Gerner, Berthold, Darmstadt
Hommes, Ulrich, 1972, Transzendenz und Personalität, Frankfurt
Ders., 1974, Die Dimension des Transzendenten und die moderne Gesellschaft, in: Gesellschaft ohne Christentum?, hg. v. Hommes, Ulrich, Düsseldorf
Horkheimer, Max, 1954, Zum Begriff der Verantwortung, in: Die Verantwortung der Universität, Weltbild und Erziehung 8, Würzburg
Ders., 1970, Die Sehnsucht nach dem ganz anderen, Hamburg

Jakob, Franz, 1979, Romano Guardini auf Burg Rothenfels, in: Romano Guardini, hg. v. Stadt Mainz, Mainz
Jaspers, Karl, 1979, Die geistige Situation der Zeit, 8. Aufl., Berlin/New York
Ders., 1983, Vom Ursprung und Ziel der Geschichte, 8. Aufl., München

Kampmann, Theoderich, 1957, Gelebter Glaube, Warendorf
Kant, Immanuel, 1913, Kritik der praktischen Vernunft, Berlin
Ders., 1978, Grundlegung zur Metaphysik der Sitten, Stuttgart
Kimmenich, Otto (Hrsg.), 1977, Was sind Grundwerte?, Düsseldorf
Ders., 1980, Autonomie, in: Katholisches Soziallexikon, hg. v. Klose, Alfred/Mantl, Wolfgang/Zsifkovits, Valentin, 2. Aufl., Innsbruck/Wien/München, S. 205–209
Kleiber, Hansruedi, 1985, Glaube und religiöse Erfahrung bei Romano Guardini, Freiburg
Klenk, Friedrich G., 1951/52, Das Ende der Neuzeit, in: Stimmen der Zeit, 149. Jg., S. 216–219
Klimmer, Ingeborg, 1985a? Angefochtene Zuversicht, Mainz
Ders. 1985b, Die Bedeutung Guardinis für die jungen Menschen auf der Burg in den dreißiger Jahren, in: Burgbrief, 3/85 v. 21. 7. 1985
Klose, Alfred/Mantl, Wolfgang/Zsifkovits, Valentin (Hrsg.), 1980, Katholisches Soziallexikon, 2. Aufl., Innsbruck/Wien/München

Klüber, Franz, 1980, Solidarismus, in: Katholisches Soziallexikon, hg. v. Klose, Alfred/Mantl, Wolfgang/Zsifovits, Valentin, 2. Aufl., Innsbruck/Wien/München, S. 2574–2577
König, Franz, 1979, Der Mensch und seine Zukunft, in: Osservatore Romano v. 7. 12. 1979
Ders., 1980, Wovon morgen leben?, in: Osservatore Romano v. 6. 6. 1980
König, Otto, 1980, Fortschritt, in: Katholisches Soziallexikon, hg. v. Klose, Alfred/Mantl, Wolfgang/Zsifkovits, Valentin, 2. Aufl., Innsbruck/Wien/München, S. 743–749
Kolping, Adolf, 1964, Katholische Theologie, Bremen
Korff, Wilhelm, 1973, Norm und Sittlichkeit, Mainz
Kranz, Gisbert, 1961, Romano Guardini, in: Christliche Literatur der Gegenwart, hg. v. Kranz, Gisbert, Aschaffenburg, S. 27–33
Kremendahl, Hans, 1977, Pluralismustheorie in Deutschland, Leverkusen
Krings, Hermann, 1979, Der Preis der Freiheit, in: Werte, Rechte, Normen, hg. v. Paus, Ansgar, Kevelaer, S. 11–27
Krüger, Gerhard, 1953, Unsere geschichtliche Zukunft, in: Unsere Geschichtliche Zukunft. Ein Gespräch über Das Ende der Neuzeit zwischen Clemens Münster, Walter Dirks, Gerhard Krüger und Romano Guardini, Würzburg
Kuhlmann, Jürgen, 1984, Heilswahrheit, nicht Begriffskunst, in: Christ in der Gegenwart, 36. Jg., v. 17. 6. 1984
Kuhn, Annette, 1965, Die Macht im Wandel der Herrschaftsstrukturen, in: Interpretation der Welt. Festschrift für Romano Guardini zum 80. Geburtstag, hg. v. Kuhn, Helmut/Kahlefeld, Heinrich/ Forster, Karl, Würzburg
Kuhn, Helmut, 1959/60, Romano Guardini – Denker christlicher Existenz, in: Hochland, 52. Jg., S. 221–237
Ders., 1961, Romano Guardini. Der Mensch und sein Werk, München
Ders., 1965, Romano Guardini. Zum 80. Geburtstag, in: Stimmen der Zeit, 175. Bd., S. 430–436
Ders., 1967, Der Staat, München
Ders., 1969, Freiheit – Gegebenheit und Errungenschaft, in: Freiheit und Determination, hg. v. Forster, Karl, 2. Aufl., München
Ders., 1973, Ordnung, in: Handbuch philosophischer Grundbegriffe, hg. v. Krings, Hermann/Baumgartner, Hans M./Wild, Christoph, Bd. 4, München, S. 1037–1050
Ders./Wiedmann, Franz (Hrsg.), 1964, Die Philosophie und die Frage nach dem Fortschritt, München

Ders./Kahlefeld, Heinrich/Forster, Karl (Hrsg.), 1965, Interpretation der Welt – Festschrift für Romano Guardini zum 80. Geburtstag, Würzburg

Kumpf, Alfred, 1969, Romano Guardini, Berlin

Kunisch, Hermann, 1977a, Romano Guardini als Interpret, in: Stimmen der Zeit, 195. Jg., S. 602–616

Ders., 1977b, Christlicher Realismus, in: Stimmen der Zeit, 195. Jg., S. 236–242

Ders., 1985, Interpretatio Christiana, in: Wege zur Wahrheit, hg. v. Ratzinger, Joseph, Kardinal, Düsseldorf, S. 96–120

Landsberg, Paul L., 1922, Die Welt des Mittelalters und Wir, Bonn

Leist, Fritz, 1953, Um die Überwindung der Neuzeit, in: Philosophisches Jahrbuch der Görresgesellschaft, 62, S. 60–85

Lobkowicz, Nikolaus, 1984, Kultur und Glaube, in: Lebendiges Zeugnis, 39. Jg. 4, S. 5–10

Lorenz, Konrad, 1973, Die acht Todsünden der zivilisierten Menschheit, München

Lotz, Johannes B., 1979, Die Religion in ihrer Bedeutung für die technische Kultur, München

Lutz, Heinrich, 1981, Neuzeitende und Europazentrismus bei Guardini: Für ein Einbringen unserer Tradition in heutige globale Perspektiven, in: Zur geistigen Gestalt Romano Guardinis, hg. v. Gerl, Hanna-Barbara, Burg Rothenfels

Machiavelli, Niccolo, 1972, Der Fürst, Stuttgart

Mahr, Gerhard, 1976, Romano Guardini, Berlin

Maier, Hans, 1978, Das Anliegen des Menschen wahren, in: Rheinischer Merkur v. 17. 11. 1978

Marcel, Gabriel, 1968, Sein und Haben, 2. Aufl., Paderborn

Marcuse, Herbert, 1984, Der eindimensionale Mensch, 19. Aufl., Darmstadt

Maritain, Jacques, 1930, Antimodern, Augsburg

Ders., 1934/35, Die Kirche und die Christenheit, in: Die Schildgenossen, 14. Jg., S. 26–36

Ders., 1936a, Religion und Kultur, Freiburg

Ders., 1936b, Gesellschaftsordnung und Freiheit, Luzern

Ders., 1949, Christentum und Demokratie, Augsburg

Ders., 1950, Christlicher Humanismus, Heidelberg

Matz, Ulrich, 1973, Staat, in: Handbuch philosophischer Grundbegriffe, hg. v. Krings, Hermann/Baumgartner, Hans Michael/Wild, Christoph, Bd. 5, München, S. 1403–1419

Messerschmid, Felix, 1970, In memoriam Romano Guardini, in: Geschichte in Wissenschaft und Unterricht, Bd. 21, S. 709–711

Messner, Johannes, 1966, Das Naturrecht, 5. Aufl., Innsbruck

Müller, Max, 1954, Romano Guardini, in: Denker und Deuter im heutigen Europa, hg. v. Schwerte, Hans/Spengler, Wilhelm, Bd. 1, Oldenburg/Hamburg, S. 65–77

Ders., 1971, Erfahrung und Geschichte, Freiburg

Ders./Vossenkuhl, Wilhelm, 1973, Person, in: Handbuch philosophischer Grundbegriffe, hg. v. Krings, Hermann/Baumgartner, Hans Michael/Wild, Christoph, Bd. 4, München, S. 1059–1070

Münster, Clemens, 1953, Ende der Neuzeit? Eine Kritik, in: Unsere Geschichtliche Zukunft. Ein Gespräch über Das Ende der Neuzeit zwischen Clemens Münster, Walter Dirks, Gerhard Krüger und Romano Guardini, Würzburg

Negt, Oskar, 1985, Heute besteht eine Pflicht zum Wissen, in: Deutsches Allgemeines Sonntagsblatt v. 30. 6. 1985, Interview

Naschold, Frieder, 1972, Politische Wissenschaft, 2. Aufl., Freiburg/München

Nell-Breuning, Oswald von, 1950, Einzelmensch und Gesellschaft, Heidelberg

Ders., 1954/55, Katholische Kirche und heutiger Staat, in: Die Neue Gesellschaft, 1. Jg., 3. S. 3–14

Ders., 1958, Die Politische Verwirklichung der Christlichen Soziallehre, in: Christentum und demokratischer Sozialismus, hg. v. Forster, Karl, München, S. 239–262

Ders., 1975, Grundsätzliches zur Politik, München

Ders., 1980, Gerechtigkeit und Freiheit, Wien 1980

Neufeld, Karl H., 1985, Zwei Große begegnen sich, in: Christ in der Gegenwart, 37. Jg., v. 2. 6. 1985

Nigg, Walter, 1973, Ein Leben an der Grenze: Romano Guardini, in: Was bleiben soll, hg. v. Nigg, Walter, 2. Aufl., Olten, S. 153–178

Oberndörfer, Dieter (Hrsg.), 1962, Wissenschaftliche Politik, Freiburg

Okhenfels, Wolfgang, 1985, Bemerkungen zu einer Ethik der Technik, in: Technik mit Gewissen, hg. v. Ockenfels, Wolfgang, Köln, S. 24–43

Oeing-Hanhoff, Ludger, 1973, Fortschritt, in: Handbuch philosophischer Grundbegriffe, hg. v. Krings, Hermann/Baumgartner, Hans Michael/Wild Christoph, Bd. 2, München, S. 473–484

Ortega y Gasset, José, 1974, Der Aufstand der Massen, 22. Aufl., Hamburg
O. V., 1937, Tagungsberichte: Die theologische Tagung, in: Burgbrief, Juli/Dez., 1937, S. 6–11
O. V., 1951, Die Chance des Menschen im Zeitalter der Masse, in: Evangelische Welt, Nr. 7, April 1951

Pankoke, E., 1980, Masse, in: Historisches Wörterbuch der Philosophie, hg. v. Ritter, Joachim/Gründer, Kalfried, Bd., 5, Basel, S. 828–832
Paus, Ansgar, 1982, Christlicher Glaube und die kulturelle Identität Europas, in: Osservatore Romano v. 17. 12. 1982
Pesch, H. O., 1972, Freiheit, in: Historisches Wörterbuch der Philosophie, hg. v. Ritter, Joachim, Bd. 2, Basel, S. 1083–1088
Petri, Heinrich, 1976, Die Frage nach Gott und das Selbstverständnis des Menschen in der wissenschaftlich-technischen Welt, in: Sinnverständnis und Glaube in der Industriegesellschaft, hg. v. Petri, Heinrich, Paderborn
Picard, Max, 1958, Die Atomisierung der Person, Hamburg
Pieper, Josef, 1963, Bedeutende Fördernis durch ein einziges Wort, in: Tradition als Herausforderung, hg. v. Pieper Josef, München, S. 321–325
Ders., 1964, Über das christliche Menschenbild, 7. Aufl., München
Ders., 1980, Über das Ende der Zeit, 3. Aufl., München
Plessner, Helmuth, 1972, Grenzen der Gemeinschaft, 2. Aufl. Bonn
Pölnitz, Götz Freiherr von, 1958, Wesen, Aufgaben und Wege christlicher Kulturpolitik, in: Christentum und demokratischer Sozialismus, hg. v. Forster, Karl, München, S. 135–166
Pohlmann, R., 1971, Autonomie, in: Historisches Wörterbuch der Philosophie, hg. v. Ritter, Joachim, Bd. 1, Basel, S. 701–719

Rahner, Karl, 1970, Autorität in der Krise, Regensburg
Ders., 1971, Freiheit und Manipulation in Gesellschaft und Kirche, 2. Aufl., München
Ratzinger, Joseph Kardinal, 1985, Von der Liturgie zur Christologie, in: Wege zur Wahrheit, ders. (Hrsg.), Düsseldorf S. 121–144
Rauscher, Anton, 1958, Subsidiaritätsprinzip und Berufsständische Ordnung in »Quadragesimo Anno«, Münster
Reding, Marcel, 1960, Romano Guardini Denker des Gegensatzes, in: Die Warte v. 17. 2. 1960
Ders., 1972, Politische Ethik, Freiburg

Ritter, Joachim, 1972, Fortschritt, in: Historisches Wörterbuch der Philosophie, hg. v. Ritter, Joachim, Bd. 2, Basel, S. 1032–1059
Rößler, Max, 1985a, Möglichkeit der Rettung in der Gefahr, in: Deutsche Tagespost v. 15/16. 2. 1985
Ders., 1985b, Im Ringen mit antwortlosen Fragen, in: Deutsche Tagespost v. 5/6. 4. 1985
Röttgers, K., 1971, Autorität, in: Historisches Wörterbuch der Philosophie, hg. v. Ritter, Joachim, Bd. 1, Basel, S. 729–733
Rohrmoser, Günter, 1977, Zeitzeichen, Stuttgart
Ders., 1983, Krise der politischen Kultur, Mainz
Rombach, Heinrich (Hrsg.), 1966, Die Frage nach dem Menschen, Freiburg/München
Rotter, Hans, 1977, Christliches Handeln, Graz/Wien/Köln
Rüther, Josef, 1925, Der katholische Staatsgedanke, Berlin

Sala, Giovanni, 1981, Autonomie, in: Philosophisches Wörterbuch, hg. v. Brugger, Walter, 16. Aufl., Freiburg

Schambeck, Herbert, 1980, Staat in der Katholischen Gesellschaftslehre, in: Katholisches Soziallexikon, hg. v. Klose, Alfred/Mantl, Wolfgang/Zsifkovits, Valentin, 2. Aufl., Innsbruck/Wien/München, S. 2894–2921
Schatz, Oskar (Hrsg.), 1974, Was wird aus dem Menschen? Der Fortschritt – Analysen und Warnungen bedeutender Denker, Graz
Ders., 1981, Brauchen wir eine andere Wissenschaft?, Graz/Wien/Köln
Scheuner, Ulrich, 1980, Staat, in: Katholisches Soziallexikon, hg. v. Klose, Alfred/Mantl, Wolfgang/Zsifkovits, Valentin, 2. Aufl., Innsbruck/Wien/München, S. 2874–2894
Schlette, Heinz Robert, 1967, Christen als Humanisten, München
Ders., 1970, Aporie und Glaube, München
Ders., 1973, Romano Guardini – Werk und Wirkung, Bonn
Ders., 1981, Die Religiosität der kommenden Zeit. Zu Guardinis Vorblick, in: Zur geistigen Gestalt Romano Guardinis, hg. v. Gerl, Hanna-Barbara, Burg Rothenfels, S. 62–83
Ders., 1985, Autobiographische Notizen Romano Guardinis, in: Orientierung, 49. Jg., Nr. 3, v. 15. 2. 1985
Schlüter-Hermkes, Maria, 1929, Die Gegensatzlehre Romano Guardinis, in: Hochland, 26. Jg., S. 529–539
Schmaus, Michael, 1965, Sachhafte oder Personenhafte Struktur der

Welt?, in: Interpretation der Welt. Festschrift für Romano Guardini zum 80. Geburtstag, hg. v. Kuhn, Helmut/Kahlefeld, Heinrich/ Forster, Karl, Würzburg, S. 693–700
Schmidt, Paul, 1973a, Die pädagogische Relevanz einer anthropologischen Ethik, Düsseldorf
Ders., 1973b, Reform aus dem Ursprung, in: Rheinischer Merkur v. 26.10.1973
Schmidthus, Karlheinz (Hrsg.), 1935, Christliche Verwirklichung. Romano Guardini zum 50. Geburtstag dargebracht von seinen Freunden und Schülern, Rothenfels
Schmitt, Carl, 1963, Der Begriff des Politischen, Berlin
Schmölz, Franz M., 1963, Zerstörung und Rekonstruktion der Politischen Ethik, München
Ders., 1966, Chance und Dilemma einer politischen Ethik, Köln
Schmucker-von Koch, Joseph F., 1985, Autonomie und Transzendenz, Mainz
Schneider, Heinrich, 1974, Die Politische Freiheit, in: Freiheit des Menschen, hg. v. Paus, Ansgar, Graz/Wien/Köln, S. 105–145
Schneider, Reinhold, 1963, Verkündigung des Friedens – Romano Guardini, in: ders., Begegnung und Bekenntnis, Freiburg/Basel/ Wien, S. 222–226
Schoof, Mark, 1969, Der Durchbruch der neuen katholischen Theologie, Freiburg
Schwan, Alexander, 1976, Wahrheit, Pluralität, Freiheit, Hamburg
Schwartländer, Johannes, 1973, Macht, in: Handbuch philosophischer Grundbegriffe, hg. v. Krings, Hermann/Baumgartner, Hans Michael/Wild, Christoph, Bd. 3, München, S. 868-877

Sedlmayr, Hans, 1969, Verlust der Mitte, Berlin
Seidel, Walter (Hrsg.), »Christliche Weltanschauung«, Wiederbegegnung mit Romano Guardini, Würzburg
Sladeczek, Franz M., 1928, Zur Gegensatzlehre, in: Scholastik, 3, S. 244–249
Spaemann, Robert, 1977, Zur Kritik der politischen Utopie, Stuttgart
Ders., 1983, Moralische Grundbegriffe, 2. Aufl., München
Speck, Josef, 1964, Guardinis Gegensatzlehre und das sogenannte »dialektische« Denken in der Pädagogik, in: Vierteljahresschrift für wissenschaftliche Pädagogik, 40. Jg., S. 89–115, S. 187–226
Spengler, Oswald, 1983, Der Untergang des Abendlandes, 7. Aufl., München
Splett, Jörg, 1985, Zum Person-Begriff Romano Guardinis, in:

»Christliche Weltanschauung«, Wiederbegegnung mit Romano Guardini, Würzburg, S. 80–109
Spörl, Johannes, 1969, Guardinis geistiger Werdegang, in: Christ in der Gegenwart, 21. Jg., S. 333–335
Stadt Mainz (Hrsg.), 1979, Romano Guardini, Mainz
Steinbüchel, Theodor, 1935, Christliches Mittelalter, Leipzig
Ders., 1936, Der Umbruch des Denkens, Regensburg
Ders., 1951, Zerfall des christlichen Ethos im 19. Jahrhundert, Frankfurt
Ders., 1953, Vom Menschenbild des christlichen Mittelalters, Basel
Störig, Hans Joachim, 1969, Kleine Weltgeschichte der Philosophie, Bd. 1, 2, Frankfurt
Süsterhenn, Adolf, 1958, Politik aus christlicher Staatsauffassung, in: Christentum und demokratischer Sozialismus, hg. v. Forster, Karl, München, S. 69–101

Tenbruck, Friedrich H., 1983, Das gefährdete Humanum, in: Mensch-Werden, Mensch-Sein, hg. v. Gordan, Paulus, Graz/Wien/Köln, S. 255–271
Theatinerkreis im Quickborn (Hrsg.), 1933/34, Romano Guardini im Gespräch mit Erich Görner, o. A., 24 S.
Theunissen, Michael, 1977, Falscher Alarm, Wiedergelesen: Romano Guardini »Das Ende der Neuzeit« in: Frankfurter Allgemeine Zeitung v. 3. 3. 1977
Thürkauf, Max, 1980, Die moderne Naturwissenschaft und ihre soziale Heilslehre – der Marxismus, Schaffhausen
Ders., 1984, Die Gottesanbeterin, Stein am Rhein
Tönnies, Ferdinand, 1935, Gemeinschaft und Gesellschaft, 8. Aufl., Leipzig

Utz, Arthur F., 1942, Wesen und Sinn des christlichen Ethos, München/Heidelberg
Ders., 1978, Was ist Katholische Soziallehre?, in: Kirche und Gesellschaft, hg. v. Katholische Sozialwissenschaftliche Zentralstelle, Mönchengladbach, Nr. 46, Köln
Ders./Streifhofen, Heinrich B., (Hrsg.), 1977, Die christliche Konzeption der pluralistischen Demokratie, Stuttgart

Vocke, Harald u. Ruth, 1985, Dinge, die von der Art Gottes sind, in: Deutsche Tagespost, v. 13. 2. 1985
Voegelin, Eric, 1959, Wissenschaft, Politik und Gnosis, München

Warnach, W., 1972, Freiheit, in: Historisches Wörterbuch der Philosophie, hg. v. Ritter, Joachim, Bd. 2, Basel, S. 1064–1083

Watzal, Ludwig, 1986, Entwicklungspolitik zwischen Immanenz und Transzendenz, Frankfurt/Bern/New York

Ders., 1985a, Die Entwicklungspolitik der katholischen Kirche in der Bundesrepublik Deutschland, Mainz/München

Ders., 1985b, Ethik-Kultur-Entwicklung. Zur Entwicklungskonzeption Albert Schweitzers, Göttingen/Zürich

Ders., 1985c, Die Bedeutung des Personalen für die Entwicklungspolitik, München, S. 12

Ders., 1985d, Entwicklungspolitik der katholischen Kirche zwischen Politik und Evangelium, in: Universitas, 40. Jg., 6, S. 665–676

Ders., 1985e, Einführung in das Studium der Internationalen Beziehungen, München, S. 35

Weber, Max, 1973, Die protestantische Ethik, Bd. 1. 3. Aufl., Hamburg

Ders., 1976, Wirtschaft und Gesellschaft, 5. Aufl., Tübingen

Wechsler, Fridolin, 1973, Romano Guardini als Kerygmatiker, Paderborn

Ders., 1975a, Guardinis Analyse und Kritik des modernen Daseinsverständnisses, in: Das geistige Erbe Romano Guardinis, hg. v. Gerl, Hanna-Barbara, Burg Rothenfels, S. 56–73

Ders., 1975b, Die Situation des christlichen Glaubens am Ende der Neuzeit, in: Das geistige Erbe Romano Guardinis, hg, v. Gerl, Hanna-Barbara, Burg Rothenfels, S. 74–88

Weissmahr, Béla, 1983, Philosophische Gotteslehre, Bd. 5. Stuttgart/Berlin/Köln/Mainz

Welte, Bernhard, 1960, Über das Wesen und den rechten Gebrauch der Macht, Freiburg

Ders., 1965, Auf der Spur des Ewigen, Freiburg/Basel/Wien

Ders., 1980, Das Licht des Nichts, Düsseldorf

Wisser, Richard, 1955, Vom Menschen danach, in: Begegnung, Korrespondenz für Kultur und Geistesleben, Bd. 10, Köln, S. 49–53

Ders., 1967, Verantwortung im Wandel der Zeit, Mainz

Wucherer-Huldenfeld, Karl, 1968, Die Gegensatzphilosophie Romano Guardinis in ihren Grundlagen und Folgerungen, Wien

Zangerle, Ignaz, 1978, Die Situation der Kirche in der Sicht Romano Guardinis, in: Person und Bildung. Gibt es ein Erbe Romano Guardinis?, hg. v. Gerl, Hanna-Barbara, Burg Rothenfels, S. 41–51

Zippelius, Reinhold, 1980, Geschichte der Staatsideen, 4. Aufl., München

Interview

Dirks, Walter, Hasenbuckweg 7, 7801 Wittnau, Interv. v. 26. Juli 1985

Personenregister

Sachregister